크리스 하먼의 **마르크스 경제학** 가이드

크리스 하먼의 **마르크스 경제학** 가이드

크리스 하먼 지음 | 이승민 옮김

책갈피

크리스 하먼의 **마르크스 경제학** 가이드

지은이 크리스 하먼
옮긴이 이승민
펴낸곳 도서출판 책갈피
등록 1992년 2월 14일(제 18-29호)
주소 서울시 중구 필동2가 106-6 2층
전화 02)2265-6354
팩스 02)2265-6395
이메일 bookmarx@naver.com

첫 번째 찍은 날 2010년 6월 20일

값 9,500원
ISBN 978-89-7966-073-9 03320
잘못된 책은 바꿔 드립니다.

차례

추천의 글_알렉스 캘리니코스 · 7

머리말 · 10

1장 미쳐 버린 세계 · 17

경제학의 빈곤 · 19

뒤죽박죽된 세상을 설명하기 · 24

생산과 상품 · 28

노동과 부(富) · 33

이윤과 착취 · 38

이윤은 어디서 생기는가 · 43

강탈과 자본주의의 출현 · 48

자본주의의 동학 · 51

2장 위기를 설명하기 · 57

호황과 불황 · 59

자본주의 경제학과 경제 위기 · 64

위기는 어떻게 발생하는가 · 71

3장 사태는 점점 악화되고 · 81

더 악화되는 위기 · 83

착취의 증대 · 88

심각한, 너무나 심각한 · 101

체제는 어떻게 유지되는가 · 107

4장 점점 비대해지는 자본주의 · 115

자본의 집중 · 117

제국주의와 전쟁 · 123

군국주의와 국가자본주의 · 129

국가자본주의, 스탈린주의, 제3세계 · 135

환상의 종착역 · 141

치명적 결함 · 147

5장 산산조각 나는 세계 · 153

새로운 단계 · 155

막다른 골목 · 165

개혁주의의 마지막 발악 · 170

사회주의인가 야만주의인가 · 180

참고 문헌 · 192

찾아보기 · 200

추천의 글

인간이 숨을 들이마시고 내쉬면서 사는 것과 마찬가지로, 자본주의는 공황과 호황으로 살아간다. …… 공황과 호황은 자본주의의 탄생기부터 자본주의에 내재하며, 무덤까지 자본주의를 따라갈 것이다.

— "세계 경제공황과 코민테른의 새 임무에 관한 보고" 중에서
레온 트로츠키

1990년대는 구소련과 동유럽에서 스탈린주의 체제가 몰락한 뒤, 시장 자본주의의 우월감에 도취돼 축포를 터뜨리며 시작됐다. 그리고 나서 10년이 지났는데도 세계 자본주의는 마르크스 당시와 다를 바 없이 무질서하고 불안정한 자기 정체를 더욱 드러내고 있다. 지금 세계경제는 제2차세계대전 이후 세 번째 거대한 불황을 겪고 있다. 1980년대 말 세계경제의 모범으로 일컬어지던 일본 경제도 지금은 꺼져 가는 거품 속에서 허우적대고 있으며, 선진 공업국들은 하나같이 생산적 부문과 비생산적 부문을 가릴 것 없이 이

윤율 하락의 압박 속에서 절절매고 있는 형편이다. 자유 시장 이데 올로기가 휩쓴 동유럽과 구소련에서는 더 극단적이고 처참한 경제 위기가 노동 대중의 목을 죄어 가고 있다. 불황이 잠깐 '지연'되는 가 했던 이른바 신흥공업국들도 불길한 그늘이 드리워 있기는 마찬가지다.

경쟁은 갈수록 군사적 형태를 취하며 잔인해지고 치열해진다. 세계 곳곳에서 치솟는 전쟁의 불길과 굶주림과 질병과 환경오염이 인류와 지구의 생존 자체를 위협하고 있다.

그러나 이렇듯 전 세계를 뒤덮고 있는 위기의 심화 속에서 주류 경제학자들과 각국 정부와 국제 경제기구들은 위기를 해결하기는커녕 그 원인조차 제대로 설명하지 못하고 있다. 이것은 어제오늘 일이 아니다. 그들의 무능력은 자본주의의 위기 자체만큼이나 오래됐다. 또한 마르크스가 자본주의 체제의 불가피한 부침과 모순을 설명한 것도 이미 150년 전의 일이다. 그러나 두 세기 남짓한 자본주의 역사는 주류 경제학파의 이론을 비웃으며 마르크스주의 경제학의 손을 번쩍 들어 올렸다. 그리고 오늘날 자본주의가 처한 현실은 "자본주의적 생산의 진정한 장벽은 자본 그 자체"라는 마르크스의 말이 얼마나 타당한지 입증해 보인다. "자본에 대해 외적인 관계 때문이 아니라 자본의 자기 보존을 위한 한 조건으로서 자본의 격렬한 파괴는, 자본이 빨리 지구에서 사라져 더 높은 단계의 사회적 생산에 자리를 내 주라는, 자본에 대한 가장 충격적인 충고다."

그렇지만 마르크스주의는 결정론이 아닌 탓에 자본이 스스로 알아서 이런 충고를 들으리라고는 믿지 않는다. 아무리 끝 간 데 없어 보이는 불황이라도 언젠가는 잠시나마 회복되기 마련이다. 문제는 자본주의의 무질서와 파괴를 밀어내고, 인간의 의지가 통제하는 새로운 질서를 확립할 것인가 아니면 그대로 야만주의로 침몰할 것인가다.

≪크리스 하먼의 마르크스 경제학 가이드≫는 이렇듯 자본주의가 아직도 마르크스가 분석했던 그 '뒤죽박죽된 세계'임을 대단히 명확하고 설득력 있게 논증하고 있다. 그리고 마르크스주의 경제학의 기초 위에서 현대 자본주의의 움직임을 구체적으로 분석하는 데 성공한다. 무엇보다 경제학이 '우울한 학문'이라는 칼라일T Carlyle의 말이 무색할 정도로, 풍부한 실례를 들어가며 누구나 읽기 쉽게 설명한 것은 이 책이 가진 커다란 강점 중 하나다. 오늘날의 세계를 이해하려고 하는 사람이라면 누구나 반드시 이 책을 읽어 봐야 한다.

1996년 6월
알렉스 캘리니코스

머리말

우리는 자본주의가 제대로 돌아가는 유일한 경제체제라는 말을 쉴 새 없이 듣곤 한다. 그러나 오늘날 세계 50억 인구 대부분이 직면한 현실은 자본주의가 우리를 위해 움직이고 있지 않다는 것이다.

세계보건기구WHO의 보고에 따르면, 오늘날 세계 최대의 살인마는 혈전증血栓症이나 암이 아니라 10억 인구가 처해 있는 '극도의 빈곤'이다. 선진 공업국에서조차 그런 빈곤은 점점 더 삶의 두드러진 특징으로 자리 잡고 있다. 경제협력개발기구OECD에서 최근 발표한 통계에 따르면, 이들 나라에서도 3000만 명 이상이 완전 실업 상태이며, 그 밖에 1500만 명이 불안정한 임시직이나 시간제 부업에 종사하고 있다. 미국 ─ 인류 역사를 통틀어 가장 부유한 사회 ─ 에서는 1988년(1980년대 호황이 절정에 달했던)에도 3200만 명이 빈곤선 이하의 삶을 살았고, 거의 5명당 1명의 아이가 가난한 가정에서 태어났다. 영국에서는 어린이들 중 3분의 1이 가난 속에서 성장한다.

직업을 가진 사람들은 지난 반세기의 어느 시기보다도 더 큰 불안과 스트레스에 시달리고 있다. 〈파이낸셜 타임즈〉는 "16개 나라의 사무직 노동자 500명 이상을 조사한 결과, 일이 주된 스트레스 요인"이라고 보고한다. "응답자의 절반 이상이 지난 2년에 걸쳐 스트레스의 정도가 증가했다고 대답했다."

대부분의 사람들은 예전보다 더 많이 일하고 보수는 더 적게 받으라는 잔인한 압력을 받고 있다. 이것은 미국에서 가장 생생하게 확인되는데, 지난 20년 동안 미국의 실질임금은 계속 하락했다. 〈로스앤젤레스 타임즈〉에 따르면, 미국 상무부는 다음과 같이 언급했다.

1973년부터 실질임금은 복리Compound Rate로 연간 0.7퍼센트 하락했다. 이런 추세는 계속되고 있다. 1974년 6월까지 3개월 동안 미국 노동자들의 구매력은 0.7퍼센트 하락했다.

"과로하는 미국인"이라는 연구 논문에서 줄리엣 쇼어는 "여가 시간이 뜻밖에 감소했다"고 이야기했다.

현재 미국인들은 20년 전보다 매년 평균 164시간을 더 일한다. 이것은 1년에 약 한 달을 더 일하는 것이다.

최근까지 영국과 독일, 기타 서유럽 국가들에서는 대부분 실질

임금이 상승했다. 그렇지만 이제 여기에서도 압력이 거세지고 있다. 영국에서는 공공부문의 임금을 완전히 동결하려는 시도가 있었다. 그리고 독일에서는 새로운 세금이 노동계급 가정의 생활수준을 깎아 내릴 것이다. 두 나라에서 모두 정치가들은 우리더러 너무 오랫동안 지나치게 잘 지내 왔다고 말하고 있다.

그래서 독일 총리 헬무트 콜은 서독이 "노동시간이 더 늘어나는 생활방식의 중대한 변화에 적응해야" 한다고 말한다. 그리고 다른 한편에서 영국 고용부 장관인 마이클 포틸로는 "유럽인들은 임금을 너무 많이 받고", 휴일은 "너무 길며", 주당 노동시간은 "너무 짧다"고 주장한다. 정치가들은 우리더러 더는 '평생직장'을 기대해서는 안 되며, 점점 더 늘어나는 노인들에게 지불되는 연금과 같은 '경제적 부담'을 줄일 방도를 찾아야 한다고 말한다.

지금 대부분의 정부가 설교하고 있는 전통적인 경제적 가르침이라고는 이게 전부다. 예전에는 우파 광신자들만 가지고 있던 사상이 점점 더 세력을 떨치면서 이런 생각은 더욱 강화되고 있다. 미국에서는 찰스 머레이 같은 사람들이 목청을 높일 기회가 엄청나게 많이 생겨났다. 그들의 주장인즉, 점점 더 많은 사람들이 가난 속에서 살고 있다면 그것은 열린 기회도 붙잡지 못하는 무능한 밑바닥 계층을 만들어 낸 복지 규정의 잘못이라는 것이다. '신우파'는 유일한 해결책이 자녀를 더 많이 가지려 고집하는 미혼모들에 대한 복지 규정을 폐지하는 것이라고 주장한다. 영국에서도 '복지에 대한 의존'의 위험성을 두고 말들이 많아지고 있다. 보수당 계열은 물론이고 노동당 쪽에서도 이런 말들이 들리기 시작하고 있다.

선진 산업국들에 빈곤의 웅덩이가 있다면, 세계의 다른 많은 나라들에는 거대한 빈곤의 바다가 있다. 실제로 아프리카 대륙과 라틴아메리카 대륙은 1인당 평균 소득이 계속 하락했는데, 특히 1970년대와 1980년대에는 더욱 가난해졌다. 유럽과 미국에서는 가난한 사람들이 어떻게든 살아가려고 허리띠를 졸라매는 한편, 아프리카 지역에서는 수백만 명이 굶어 죽고 있다.

옛 동구권 지역에도 희망이 없기는 마찬가지다. 1989년에 사람들은 시장이 새로운 '경제 기적'을 가져다주리라고 기대했다. 그러나 5년이 지난 뒤, 생활수준이 40~50퍼센트씩 떨어지면서 그들은 옛 독재 정권하에서보다 훨씬 더 물질적으로 궁핍해졌다.

그러나 모든 사람이 다 가난한 것은 아니다. 큰 부자들은 전에 없이 더 넉넉한 생활을 누리고 있다. 1980년 미국 300대 대기업 최고 경영자들의 수입은 생산직 노동자들의 평균 소득보다 29배나 더 많았고, 1990년에는 93배나 더 많았다. '제3세계' 국가들에서는 2억 명의 사람들이 입에 풀칠하기도 어려운 상황에서 살고 있는데, 다른 한편에서는 얼마 되지도 않는 상류층이 더욱더 사치스런 생활을 하고 있다. 1995년 2월 이런 사람들의 구미에 맞는 사私은행들이 어떻게 번성하고 있는지에 관한 기사가 〈파이낸셜 타임즈〉에 실렸다. "체이스맨해튼 은행에 따르면, 유럽과 중동의 부자들은 10조 파운드가량의 현금과 유동자산을 가지고 있다고 추정되며 ……라틴아메리카와 아시아 쪽에도 10조 파운드의 개인 자금이 더 있는데, 이 수치는 빠르게 증가하고 있다."

미국에서는 고소득 '전문가들'이 가난한 사람들을 먹여 살리는 부담을 안 지려고 복지 보조금 지불을 거부하고 있다. 한편 브라질에서는 부자들이 암살단에게 돈을 주고 거리에서 노숙하는 10대들을 살해하기도 한다.

이렇듯 가난하고 비열한 세계 한복판에서 수많은 패악들이 무성하게 자라나고 있다. 결핵이나 콜레라, 심지어 페스트 ─ 흑사병 ─ 같은 오래된 질병들이 다시 나타났다. 약물중독도 확산돼 왔는데, 잠시라도 고통에서 달아날 수 있는 유일한 해결책으로 사람들이 약물에 의존하기 때문이다. 자살률은 계속 치솟고 있다. 범죄도 늘어났다. 소수 가난한 사람들에게는, 광고 대행업자들이 그들 앞에서 보란 듯 과시해 대는 부자들의 사치스런 생활에 접근할 수 있는 희망이 범죄밖에 없어 보이기 때문이다. 이런 모든 해악의 맨 꼭대기에는 전쟁이라는 무시무시한 재앙이 존재한다. 유엔 인간개발 보고서에서는 "굶주림, 폭력, 질병으로 생기는 끊임없는 위협이 세계적인 내전의 근본 원인"이라고 경고하고, 크고 작은 많은 나라들이 국민의 절망적 필요를 충족시키기보다는 최신 무기 체계를 갖추는 데에 수십억을 쏟아붓고 있다고 지적한다.

물론 가난과 질병, 굶주림과 고통, 절망과 자포자기는 인간 사회에서 낯선 존재가 아니다. 이런 현상들은 인간 역사가 기록된 이래 줄곧 존재해 왔다.

그러나 현대 사회의 빈곤은 이전과 다르다. 빈곤을 손쉽게 영원히 추방하고도 남을 만한 규모의 부富가 빈곤과 나란히 존재하기 때문이다. 유엔 인간개발보고서에 따르면, 1992년 전 세계의 총산출량은 1950년의 다섯 배였다고 한다. 그런데도 45년 전보다 더 가난해졌으면 가난해졌지 나아지지 않은 지역들이 지금도 많이 있다. 한편에서는 미국과 유럽의 정부들이 농부들에게 돈을 줘 가며 농사를 짓지 못하게 하는 가운데, 거대한 식량 더미 — 유럽연합EU의 산더미 같은 식량을 한번 보라 — 가 굶주림과 나란히 존재한다. 회사들이 공장문을 닫고 더 많은 재화를 생산할 수 있는 사람들을 해고하는데, 한편으로는 모든 사람들에게 돌아갈 만큼 충분한 재화가 없다는 이야기가 들려온다. 한편에서는 어느 나라를 막론하고 최상층의 극소수가 전에 없이 늘어지게 배부른 생활을 하고 있는데도, 대부분의 사람들은 더 낮은 임금으로 더 장시간 더 열심히 일하지 않으면 일자리를 구하지 못할 거라고 위협받는다. 1950년에는 세계 인구에서 가장 부유한 20퍼센트가 총소득의 30퍼센트를 차지했는데, 오늘날에는 그들이 60퍼센트를 차지하고 있다. 동시에 인류의 가장 가난한 20퍼센트는 세계 총산출량의 1.4퍼센트를 나눠 가지게 됐을 뿐이다.

현 사회구조를 지지해 온 사람들 가운데서 사태가 더 나아지리라고 기대하는 사람은 거의 없다. 영국의 노동당처럼 한때는 완전고용이나 복지사업에 대한 지출 확대, 그리고 부자들에서 빈자들에게로 소득을 재분배해서 가난한 이들의 조건을 개선하겠다고 약속했던 정당들이 여러 나라에 있다. 오늘날 그들은 우리에게 이런 생각들은 '시대에 뒤떨어졌다'고 이야기한다.

　기존의 정당들은 결코 풀 수 없는 엄청난 수수께끼가 우리 앞에 놓여 있다. 역사상 유례없이 많은 재화가 생산되고 있다. 과거의 인류가 얻지 못한 기본 식품을 비롯해서 모든 종류의 재화 생산량을 증가시키는 데 필요한 발명품들도 있다. 인간은 우주를 정복할 수도 있고, 깊은 바닷속을 탐험할 수도 있다. 기계를 사용해서 아주 힘든 일을 대신할 수도 있고, 눈 깜짝할 사이에 지구 정반대 편으로 정보를 보낼 수도 있다. 그런데도 생계유지의 부담은 가벼워지는 것은 고사하고 종종 더 무거워지고 있다. 사람들은 더 풍요롭고 편안한 생활을 고대하는 대신, 상황이 더 악화될까 봐 마음 졸이며 살아갈 수밖에 없는 경우가 더 많다. 빈곤이 사라지기는커녕 점점 더해 가는 것이다.

1장
미쳐 버린 세계

경제학의 빈곤

뒤죽박죽된 세상을 설명하기

생산과 상품

노동과 부(富)

이윤과 착취

이윤은 어디서 생기는가

강탈과 자본주의의 출현

자본주의의 동학

경제학의 빈곤

많은 사람들은 전문 경제학자들이 어떻게 이 모든 일이 일어났는지 당연히 설명해 줄 수 있을 거라고들 기대한다. 그러나 그들의 설명에 기대를 걸었다가는 쓰라린 환멸만 맛보게 될 것이다.

오늘날 유력한 자본주의 경제학파는 '한계효용marginal'학파나 '신고전'학파로 일컬어진다. 전문 학부나 성인교육 강좌, 대학에서 경제학을 공부하면 이런 학파의 이론을 배우게 될 것이다. 그 학파에서는 자신들의 경제학이 전문 분야, 즉 "부족한 재원과 이것을 보완해 줄 다양한 사용법 간의 관계를 연구하는 인문과학"이라고 주장한다.

그들은 생산이 '수요 공급의 법칙'에 따라 이뤄진다고 주장한다. 수요는 개인들의 선택, 즉 그들이 돈을 쓰는 방식에서 나타나듯이 상이한 물건들에 대한 선호도의 차이에 따라 좌우된다. 공급은 상품의 생산비 ― 노동자들을 고용하는 데 드는 비용과 그들이 작동하는 기계의 사용비 ― 에 따라 좌우된다. 따라서 사람들이 지출할 준비가 돼 있는 추가extra 금액과 추가extra 생산비가 맞아떨어지기만 하면 생산이 이뤄질 것이다.

　이 이론대로라면, 수요와 공급이 서로 다른 방향으로 움직이며 두 그래프가 만나는 지점에서 최종적으로 생산이 이뤄지는 기가 막힌 그래프를 그릴 수 있다. 문제는 이들 그래프가 우선 수요와 공급이 어디서 비롯되는지 설명하지 않기 때문에 실제로는 아무것도 설명하는 게 없다는 점이다. 수요의 측면에서 보면, 이 그래프는 왜 어떤 사람들(부유한 토지 소유주들이나 재벌들, 사기업 총수들)의 욕구는 '유효 수요', 다시 말해서 현금으로 뒷받침되는 수요로 해석되면서 다른 사람들(실업자들, 저임금 노동자들, 아프리카와 라틴아메리카의 빈민들)의 절망적인 필요는 무시되는지 설명하지 않는다. 그리고 공급의 측면에서는, 자원이 넘쳐나는데도 왜 극도로 필요한 재화를 생산하지 않는지 설명하지 않는다.

　'한계효용학파' 경제학자들은 사람들의 소득 수준과, 따라서 그들의 수요 수준은 그들 각자가 재화의 생산에 얼마나 기여하느냐에 달려 있다고 말한다. 그들의 노동이 창출하는 초과extra 가치에 따라 보수를 받는다고 주장하는 것이다. 그렇지만 이런 주장은 어떤 사람들은 왜 다른 사람들이 노동한 대가로 지불받는 것보다 열 배나 스무 배 더 많은 돈을 받고, 일을 전혀 하지 않고 그냥 재산을 소유하기만한 사람들이 돈을 받는 것을 문제 삼지 않은 채 그냥 당연하게 받아들이고 있다. 주식 소유주들이나 대부업자들이 도대체 무슨 일을 하는가?

　그 답은 아주 간단하다고 경제학자들은 말한다. 노동뿐만 아니라 자본도 생산에 참여한다는 것이다. 따라서 노동자가 재화 창출에 기여한 바에 따라 보수를 받듯이, 자본가도 마찬가지라고 말이다. 각각의 '생산요소'는 그 '한계수익 산출량marginal output'에 상당하는 '보상'을 받는다는 것이다.

사실상 이런 논의는 아무것도 — 자본 소유주들이 더 속 편히 지낼 수 있게 해 준다는 것을 제외하고는 — 해명하지 못한다. 이것은 실제로 부자들은 더 부유해져야 마땅하다고 말하는 것이나 다름없다. '2는 2'라든가 '고양이는 고양이'라는 식의 동어반복에 의존하고 있는 것이다. 경제학자들더러 자본의 가치를 어떻게 측정하는지 묻는다면, 그들은 자본이 생산하는 '한계수익 산출량'을 언급할 것이다. 그런데 이 '한계수익 산출량'은 어떻게 측정하는지 물어보면, 그들은 그것을 생산하는 데 소모된 자본의 가치를 언급한다. 결국에는 사실상 "자본의 가치는 자본의 가치와 같다"거나 "이윤은 이윤과 같다"고 말하는 것이다.

정통 경제학이 말할 수 있는 것이라고는 현재 어떤 물건이 사고 팔린다는 것뿐이다. 왜 어떤 물건은 생산되는데 어떤 것은 생산되지 않는지, 왜 어떤 사람들은 부자인데 어떤 사람들은 가난한지, 왜 어떤 상품은 팔리지 않고 쌓여 있는데 그것이 극도로 필요한 사람들은 갖지 못하는지에 대해서는 입도 뻥긋하지 않는다. 정통 경제학자들은 왜 어떤 때는 호황이 생기고 어떤 때는 불황이 생기는지 우리에게 설명해 줄 수 없다.

이런 문제들은 이미 지금부터 80년도 더 전에 오스트리아 마르크스주의자 루돌프 힐퍼딩과 러시아 혁명가 니콜라이 부하린이 한계효용학파 경제학에 대항해 지적한 바 있다. 그리고 더 최근에는 '케임브리지학파'로 알려진 또 다른 강단 경제학자들이 엄격한 논리적 형태로 이 문제를 다시 한 번 지적했다.

정통 경제학의 핵심에는 이 밖에도 불합리한 점들이 많이 있다. 정통 경제학의 시장 모델은 현재는 물론이고 미래에 일어날 모든 경제적 거래까지도 완벽하게 알고 있는 척한다. 논리적으로 불가능한 일이다. 그들은 19세기 초 경제학자 데이비드 리카도에게서 빌려 온 '비교우위론'을 이용해 세계에서 가장 가난한 나라들에게 무제한적인 자유무역을 설교한다. 그러나 본래 그 이론이 개진된 것은 자본이 오늘날과 같이 이 나라에서 저 나라로 이동할 자유를 갖지 못했을 때였다. 정통 경제학에서는 국가가 간섭하지만 않으면 수요와 공급이 자동으로 균형을 이룰 것이라고 주장한다. 그렇지만 수요·공급 방정식 자체가 사실과 맞지 않다. 마지막으로, 정통 경제학에서는 실재 세계에서 자유경쟁을 가로막는 여러 원인들 — 거대 기업의 독점권이든, 혹은 일자리를 지키려는 노동조합원들이든 — 이 제거된다면 만사가 잘 될 거라고 주장한다. 그러나 그들이 제시하는 모델의 수학은 다른 것을 내버려 둔 채 한 가지 방해 요인만 제거한다면 실제로는 사태를 더 악화시킬 수 있다는 것을 보여 준다.

사실상 그 시장 모델은 실재 세계에서 무슨 일이 일어나고 있는지, 또 일어날 수 있는지에 대해 아무런 지침도 제시하지 못한다.

정통 학설에 반발하는 경제학자들 중 하나인 폴 오머로드가 자신의 책 ≪경제학의 종말≫에서 지적했듯이, 정통 학설로 경제를 이해하는 것은 중세에 점성술로 사건을 예언했던 것과 마찬가지다. 정통 학설을 바탕으로 삼는 경제학자들은 세계경제의 부침浮沈을 예견하는 데 완전히 실패했다.

경제 예측은 공공연한 웃음거리가 됐다. 서방세계 도처에서 그들의 정확성은 경악스러울 만큼 형편없다. 이 책을 쓰고 있던 지난 12개월 동안만 보더라도 그들은 일본의 경기후퇴나 미국의 경제 회복 강세, 독일 경제 붕괴의 심각성, 유럽 환율의 동요 등을 예측하지 못했다.

그런데도 학교에서는 여전히 정통 학설을 가르치고, 대학에서는 그것을 연구한다. 그리고 현 시장 자본주의 체제에 대한 대안이 있을지 모른다고 얘기하는 사람에게는 여전히 정통 학설이 들이밀어진다. 정통 학설의 기본 논점은 오로지 시장만이 생산을 조직하는 합리적인 길이라는 것이다. 최근 들어서는 전통적인 우파뿐만 아니라 각국 노동당, 사회민주당, 옛 공산당 지도자들까지도 이 주장을 받아들이고 있다.

그런 주장을 받아들이는 것은 세상의 부조리에 맞서지 않을 때에만 가능하다. 정통 학설은 세상을 별생각 없이 액면 그대로 받아들이고, 만사가 있는 그대로이기 때문에 그렇게 존재한다고 말하는 태도에 기초한다. 그러나 지금 같은 세상에서 삶이 점점 더 견디기 힘들다는 것을 깨달은 사람, 그래서 짧은 호황이 드문드문 끼어 있는 기나긴 불황 대신에, 늘어가는 실업과 깊어가는 빈곤 대신에, 그리고 한편에서 팔리지 않은 상품이 쌓이는데도 사람들은 그것을 살 여유가 없는 그런 상황 대신에 새로운 대안을 바라는 사람들에게 정통 학설은 아무 쓸모가 없다. 이런 문제들을 해결하기 위해서는 전혀 다른 접근이 필요하다.

뒤죽박죽된 세상을 설명하기

칼 마르크스의 경제학 연구는 현대의 정통 학설과 매우 달랐다. 그가 경제학에 관심을 갖게 된 것은 1840년대 중반 독일에서 당시 자기 주변에서 성장하고 있던 새로운 경제체제 ― 자본주의 ― 의 비인간적인 모순을 목격하게 됐기 때문이었다. 그 사회에서 사람들은 부를 생산하기 위해서는 더 열심히 일해야 한다는 말을 귀에 못이 박히도록 듣지만, 노력의 대가로 아무 이득도 얻지 못한다는 것을 그는 이미 알고 있었다. 1844년에 쓴 대로,

> 노동자는 더 많이 생산하면 할수록 더 적게 소비해야 한다. 그가 더 많은 가치를 창출할수록, 그 자신은 더 무가치해지고 보잘것없는 존재가 돼 버린다. ...... [이 체제는] 기계로 노동을 대신하지만,

일부 노동자들을 다시 야만적인 노동 속으로 내동댕이치고, 다른 노동자들을 기계로 만들어 놓는다. …… 이 체제는 지식을 낳지만, 노동자의 사고는 마비시킨다. …… 호화로운 대저택이 생겨나지만, 노동자에게는 초라한 판잣집뿐이다. 아름다움을 만들어 내지만, 노동자에게는 추함이 돌아갈 뿐이다. …… 노동자는 일에서 벗어나야만 즐거움을 느낄 수 있고, 일을 할 때에는 자신이 껍데기일 뿐이라고 느낀다. 노동자는 일하고 있지 않을 때 마음이 편안하고, 일하고 있을 때는 편안함을 느낄 수 없다.

4년 뒤 그는 다음과 같이 썼다.

노동자는 살기 위해 일한다. 그는 노동을 자기 삶의 일부로 생각하기는커녕 자기 삶의 희생으로 생각한다. …… 그가 짜는 비단도, 그가 광산에서 캐내는 금도, 그가 짓는 호화 저택도 자신을 위해 생산하는 것은 아니다. 그가 자신을 위해 생산하는 것은 임금이다. 비단과 금과 호화 저택이 그에게는 일정량의 생존 수단, 아마도 면 웃옷과 동전 몇 푼, 그리고 지하 셋방으로 변할 것이다. ……

　12시간 동안 천을 짜거나, 실을 잣고, 구멍을 뚫고, 나사를 돌리고, 건물을 짓고, 삽질하고, 돌을 부수고, 짐을 나르거나 하며 일하는 노동자가 과연 이런 12시간의 노동을 자기 생활의 발현으로, 자기 삶으로 여기는가? 오히려 그에게서 삶은 이런 활동이 멈출

때, 식사를 할 때나 술 한 잔 할 때, 그리고 잠잘 때에야 시작된다.

마르크스의 경제학 저작들은 어떻게 이런 사회형태가 생겨나게 됐으며 계속되는가에 대해 다룬다. 그렇기 때문에 동시에 그것은 기성 학계의 사상가들이 '철학'이나 '사회학', '역사학'이라고 일컫는 것에 대한 저작이기도 하다. 거기서 주로 다루는 문제는 물건의 가격이 어떻게 정해지는지, 언제 무슨 이유로 경제 위기가 발생하는지 따위가 아니다. 그보다는 '소외된 노동'의 세계 전체 ― 인간의 활동이 그 자체의 목숨과 대항하고 인간 자신을 지배하는 세계, 끝없는 노동과 실업·과잉생산·기아가 넘쳐나는 세계가 마르크스 저작의 주제다.

마르크스는 자신의 초기 저작에서 이 뒤죽박죽된 세상의 모순됨을 강조했다. 그는 '소외'라는 단어를 통해 이런 모순을 묘사하곤 했다. 이것은 독일 철학자 헤겔에게서 유래한 단어이지만, 헤겔의 글은 다소 모호한 경우가 많다. 마르크스의 글은 그 밖에도 여러 출전들을 바탕으로 삼고 있었다. 그는 애덤 스미스나 데이비드 리카도 같은 정통 자본주의 경제학 창시자들의 글에서 자본주의 경제체제에 관한 설명을 찾아 이용했다. 그리고 영국의 차티스트 운동을 비롯해 이 체제에 맞서 싸운 최초의 노동자 운동의 경험을 활용하기도 했다.

마르크스의 후기 경제학 저작들, 특히 세 권짜리 저작인 ≪자본론≫에서는 철학적인 용어가 많이 없어졌다. 그래서 일부에서는 경제학에 대한 그의 접근법이 완전히 바뀌었다고 주장하는 사람들이 생겨나기도 했다. 사실상 ≪자본론≫의 목적은, 비인간적인 힘이 살아 있는 인간을 지배함에 따라 '소외된 노동'의 전 세계가 발전해 가는 방식을 설명하려는 데 있다. 이것은 마르크스가 ≪자본론≫의 마지막 초고를 집필하기 직전에 쓴 원고에 잘 나타나 있다. 그는 이렇게 이야기한다.

자본가가 노동자를 지배하는 것은 사물이 인간을 지배하는 것이며, 죽은 노동이 산 노동을 지배하는 것이고, 생산품이 생산자를 지배하는 것이다. 왜냐하면 노동자를 통치하는 수단이 되는 상품은 사실상 …… 생산과정의 산물이기 때문이다. …… 그것은 노동자 자신의 사회적 노동의 소외 과정이다.

마르크스는 자본주의 체제가 개별 자본가와 개별 노동자가 할 수 있는 것 양쪽을 모두 제약한다는 점을 인식한다. 그러나 "노동자가 희생자로서 처음부터 그것에 대한 반란의 관계에 놓여 있으면서 그 과정을 예속으로 받아들이는" 반면, 자본가는 "소외 과정에 뿌리박고 서서 그 속에서 최고의 만족을 찾아낸다. …… 자본의 자기 증식이야말로 자본가에게는 결정적이고 압도적이며 억누를 수 없는 목적이자 자기 활동의 절대적인 추진력이며 구성 요소다. ……"

생산과 상품

어떤 사회에 사는 사람들이 생존에 필요한 물품 — 의식주 — 을 어떻게 손에 넣는지를 보지 않고는 어떤 사회도 이해할 수 없다고 마르크스는 지적했다. 의식주를 확실하게 보유하기 전까지는 아무것도 할 수 없기 때문이다.

그러나 이런 재화를 얻는 것은 언제나 인간이 서로 협동해 주위의 자연환경을 변화시키는 데 달려 있었다. 다른 동물들과 달리, 우리 인간에게는 야생동물들을 죽이거나 식물을 날로 씹어 소화시킬 수 있는 특별한 치아와 발톱이 없다. 우리를 보온해 주는 모피도 없다. 인간이 자연의 변화에서 자신을 보호하며 살아갈 수 있는 방법은 일을 해서 자연을 변화시키는 길뿐이다. 엥겔스가 쓴 대로, "자연 다음으로 노동이 모든 부의 원천이다. …… 그렇지만 노동이 자연과 견줄 수 없을 만큼 훨씬 더 중요하다. 노동은 모든 인간 생존에서 으뜸가는 기본조건이다."

역사적으로 인간의 노동은 다양한 형태를 취해 왔다. 수만 년 동안 인간은 40명 정도의 남녀가 함께 무리지어 일하며 살아가면서 나무 열매와 뿌리를 채집하고 야생동물을 사냥했다. 그들은 통치자가 없이도, 여성에 대한 남성의 지배 없이도 그렇게 살 수 있었다. 지금부터 1만 년 정도 전에 세계 여러 지역에서 농작물을 재배하고 가축을 사육하기 시작했다. 그러나 아직까지는 다른 사람들이 모두 힘들여 일하는데 사회의 한 집단은 하는 일 없이 빈둥거리는 식으로 노동이 조직되는 단계는 아니었다. 모든 남녀 사이에는 여전히 조야하게나마 평등이 존재했으며, 의식주는 사람들의 필요에 따라 분배됐다. 지난 세기 식민지 정복 이전까지 이런 상황이 줄곧 계속됐던 지역들도 많이 있었다.

이런 사회 속에는 우리가 자본주의 아래서 당연하게 여기는 '이기적'이고 '탐욕적'이고 '경쟁적'인 '인간 본성'의 흔적이 전혀 없다. 그래서 18세기 초에 이로쿼이족의 문화를 관찰했던 한 사람은 이렇게 말했다.

굶주린 이로쿼이인의 오두막에 양식이 다 떨어진 다른 이로쿼이인이 찾아오면, 그들은 뭐라 청하기도 전에 자신들에게 남은 얼마 안 되는 양식을 새로 온 사람과 나누어 먹는다. 그러고 나면 그들도 자기네가 도운 사람과 똑같이 굶어 죽기 십상인데도 말이다. ……

한 예수회 성직자는 또 다른 집단인 몬타그네족에 대해 이렇게 언급했다.

그 거대한 숲에는 야망도 탐욕도 존재하지 않는다. …… 그들은 그저 살아 있음에 만족하기 때문에, 그들 중 어느 누구도 부자가 되려는 유혹에 넘어가지 않았다.

동아프리카에서 소 떼를 키우는 누어족에 관한 한 유명한 연구에 따르면, "일반으로 누어족 부락에서는 모두 다 굶주림에 시달리기 전까지는 아무도 굶주리지 않는다고 말할 수 있다."

계급분화와 여성에 대한 남성의 지배가 곳곳에서 생겨난 것은 불과 약 5000년 전에 시작된 일이다. 이것은 대량 농업 생산과 금속 제련, 최초의 도시 건설을 포함해 생활필수품을 생산하는 방식이 한층 더 달라진 결과였다. 사회 내 나머지 사람들의 노동에 빌붙어 살아가는 착취계급이 등장했다. 그들은 자신들의 통치권을 유지하고 확장하기 위해 국가 — 군대와 경찰력으로 조직된 무장한 인간들의 상비 기구 — 를 세웠다.

때로는 초기 고대 이집트나 고대 메소포타미아, 그리고 라틴아메리카의 잉카 제국에서처럼 지배계급이 직접 국가권력을 사용해서 일하는 사람들의 생산물을 세금의 형태로 강탈하기도 했다. 또때로는 고대 그리스, 로마에서처럼 지배계급이 일을 몽땅 해 주는 노예를 소유하기도 했다. 그리고 때로는 중세 유럽에서처럼 지배계급이 토지를 장악하고서 토지에 매여 일하는 사람들을 공짜로 부려먹거나 수확의 절반 이상을 떼어 가기도 했다. 어느 경우든 소수가 사회의 다수로 하여금 자신들을 위해 봉사하도록 강요하면서 살았던 것은 마찬가지였다.

그러나 이런 사회들 모두 그 이전의 평등 사회와 한 가지 공통점이 있었다. 인간의 필요를 직접 충족시키는 데 노동의 목적이 있었다는 점이다. 물론 소수 지배계급의 필요가 대다수 민중들의 필요보다 우선시되긴 했지만 말이다. 노예나 농민, 수공업 노동자들은 자신들이나 자신들에게 빌붙어 살아가는 사람들이 직접 사용할 물품을 생산하기 위해 힘들게 일했다. 때문에 노예 소유주가 폭음과 폭식을 일삼거나 지나치게 번드르르한 대저택이나 무덤을 세우면, 노예들은 먹고살기 힘들어지고 굶주리게 됐다. 한 해 수확고가 변변찮은데 봉건 영주가 계속 사치스럽게 살려고 들면, 결국 농민들은 굶어 죽게 됐다. 그렇지만 현 체제에서처럼 '지나치게 많이' 생산되기 때문에 사람들이 배를 곯게 되는 그런 상황은 있을 수 없었다. 생산은 사용하기 위해 ─ 비록 많은 부분이 다른 모든 사람들을 착취하는 한 계급이 사용하기 위한 것이었을지라도 ─ 이뤄졌다. 이런 까닭에 마르크스는 다른 경제학자들을 좇아 이것을 '사용가치' 생산이라고 불렀다.

　그러나 오늘날 우리가 살고 있는 자본주의 사회에서는 직접 사용하기 위해 생산이 이뤄지는 경우가 거의 없다. 자동차 공장 노동자들이 차를 생산하는 것은 자신들이 직접 타기 위해서도, 그렇다고 자기네 경영주가 직접 타게 하기 위해서도 아니다. 그들은 자신들의 고용주가 다른 누군가에게 팔 수 있도록 차를 생산한다. 이것은 제철소 노동자나 구두공, 사진 기술자, 컴퓨터 프로그래머, 또는 사실상 유급직에 관련된 어느 누구나 마찬가지다. 예를 들어, 우리가 한평생 나사못을 만드는데, 기계로 작업해 하루에 수만 개씩을 생산한다고 생각해 보자. 그렇지만 아마 우리가 직접 사용하는 나사못은 이삼백 개가 채 안 될 것이다.

이제 재화는 판매를 위해 생산된다. 그것은 생산자가 수고의 대가로 무슨 이득을 얻기 이전에 화폐로 교환돼야 하는 '상품'이다. 물론 종국에 가서는 그 재화도 쓸모가 있어야 한다. 그렇지만 그러기 전에 우선 교환되지 않으면 안 되는 것이다.

따라서 자본주의에서 재화는 괴상한 특성을 지닌다. 그것은 사용되기 이전에, 즉 '사용가치'가 되기에 앞서 화폐로 교환돼야 하며, 그러고 나서야 그 화폐가 다른 재화로 교환될 수 있다. 그것의 가치는 교환될 때에 얼마를 받느냐에 따라 측정된다. 핵심은 '교환가치', 즉 재화의 대가로 얼마를 벌 수 있으며, 그 결과 다른 재화를 얼마만큼 얻는가 하는 것이다.

한 개인이 쏟은 수고는 교환을 통해 세계 체제를 거쳐 다른 개인 수백만 명이 쏟은 수고와 결합된다. 스스로 생산한 것의 대가로 받은 돈으로 여러분이 어떤 물건들을 사는가 생각해 보면 이 사실이 분명해진다. 가령 상점에서 식료품 한 바구니를 산다고 가정해 보자. 여러분은 캐나다산産 밀로 구운 빵, 남아프리카나 뉴질랜드산 사과와 배, 중국산 토끼고기, 케냐산 화초, 말레이시아나 볼리비아산 양철 냄비, 사우디아라비아나 쿠웨이트의 석유로 만든 합성 포장지 등등을 사게 된다. 결국 세계 정반대편에 사는 사람들의 노동력까지도 이용하는 체계 속에 연결되지 않은 사람이 없다.

그들 사이에 아무런 의식적 협동이 없다는 사실에도 불구하고, 이렇듯 무수히 많은 사람들 사이에는 세계적 결합이 존재한다. 그들은 모두 각기 다른 경쟁 국가에서 각기 다른 경쟁 회사를 위해 일을 한다. 그렇지만 그들의 노동은 마치 한데 공동 투자된 것 같다. 세계적인 생산 체계가 분명 존재하지만, 어디까지나 개별 기업들의 맹목적 경쟁을 통해 조직돼 있을 뿐이다. 즉 마르크스의 표현을 빌면, "사회적 생산, 그러나 개별적 전유"인 것이다.

노동과 부富

마르크스 이전에 경제학자들이 이미 이 체제에 대한 설명을 내놓기 시작했다. 그들은 사람들의 활동을 한데 묶는 '보이지 않는 손'이 있다고 말했다. 그 밖에 다른 것도 지적했는데, 마르크스는 바로 이 점을 수용했다. 즉, 모든 상품은 한 가지 공통점을 갖는데, 모두 인간 노동의 생산물이라는 점이다.

　마르크스는 《자본론》에서, 똑같은 비용이 소요된 전혀 다른 두 물건 ― 가령 양말 한 켤레와 빵 한 덩어리 ― 이 공통적으로 가지고 있는 것이 과연 무엇인지 묻는다. 그들의 물질적 특성은 아니다. 그 둘은 서로 무게가 다르고, 서로 다른 분자로 구성돼 있으며, 모양 등등도 다르다. 그들의 최종적인 쓰임새도 아니다. 일반으로 빵 한 덩어리를 신거나 양말 한 켤레를 먹지는 않으니 말이다. 빵의 최종적인 용도와 양말의 최종적인 용도를 비교하는 것은 코끼리의 무게와 하늘 색깔을 비교하는 것이나 다름없다. 그 둘은 완전히 서로 다른 사물이기 때문이다. 대신에 그 둘이 공통적으로 가진 것은 그것을 만드는 데 투입되는 노동량이라고 마르크스는 말했다. 더 나아가, 그들의 가치를 실제로 결정짓는 것도 다름 아닌 이 노동량이다.

서로 교환하기 위해 물건을 만드는 사람들을 생각해 보면, 이 점을 쉽게 이해할 수 있다. 목수는 탁자를 만들어 양복 직공이 만든 양복 한 벌과 맞바꿀 수 있다. 그러나 만일 그가 탁자를 만드는 것보다 더 적은 시간 안에 똑같은 질의 양복을 만들 수 있다면, 그런 교환을 하지 않을 것이다. 그는 그 양복이 자기가 탁자를 만드는 데 드는 노동시간과 최소한 같은 양만큼 가치가 있다고 생각한다.

사람들이 물건을 만들어 돈을 받고 팔 때에도 똑같은 원칙이 적용된다. 이를테면 목수는 만드는 데 4시간이 걸리는 뭔가를 살 수 있는 금액을 받고서야 만드는 데 4시간이 걸리는 탁자를 팔 것이다. 탁자의 가격은 그것을 만드는 데 투입된 노동량을 나타낸다.

물론 모든 목수들이 다 4시간 안에 필요한 일을 해낼 만큼 숙련된 것은 아닐 것이다. 그 두 배의 시간이 걸리는 사람도 있을 것이다(만일 내가 탁자를 만들려고 든다면, 그 정도 걸릴 것이다). 그러나 다른 누군가가 4시간 노동에 상당하는 값으로 탁자를 공급한다면, 탁자 값으로 8시간 노동에 상당하는 액수를 지불할 사람은 아무도 없을 것이다. 탁자의 가격은 어떤 특정 개인의 노동량이 아니라 평균치 숙련도를 지닌 사람의 노동량을 나타낸다.

교환을 통해서, 각 개인의 노동은 끊임없이 체제 전체의 노동과 비교된다. 다시 말해서, 마르크스가 쓴 대로, 각 개인의 '구체적 노동'은 사회 전체의 '사회적 노동'의 한 부분으로 평가된다.

노동이 가치의 궁극적 원천이라는 견해는 마르크스가 처음으로 고안한 게 아니었다. 17세기 말 존 로크에서 18세기 애덤 스미스를 거쳐 19세기 초 데이비드 리카도에 이르기까지, 초기 경제학자들 상당수가 성장하는 자본주의 체제를 파악하기 위해 적어도 부분적으로는 이 견해를 받아들였다. 그래서 애덤 스미스는 다음과 같이 주장하기도 했다.

모든 것의 실제 가격, 즉 그것을 손에 넣으려는 사람이 실제로 지불하는 비용은 그것을 획득하는 데 드는 수고와 노동의 양이다. …… 세계의 모든 재화는 본래 금이나 은을 주고 산 것이 아니라, 노동으로 획득됐다. 그러므로 재화를 소유한 사람이나 그것을 다른 물건과 교환하려는 사람에게 그 재화의 가치는 그들이 그것을 구매하거나 차지하는 데 드는 노동량과 정확히 일치한다.

그러나 그런 '노동가치론'의 지지자들 가운데 친親자본주의적 학자들은 늘상 극복하기 어려운 문제에 부닥치게 된다. 노동이 가치의 원천이라면, 도대체 이윤은 어떻게 생길까?

만일 모든 재화가 그 안에 포함된 노동량에 따라 교환된다면, 사회의 모든 사람들이 어느 정도 동등한 지위에 서 있어야 한다. 좀 더 일하는 쪽을 택해서, 좀 더 돈을 많이 벌고 여가를 좀 덜 가지는 사람이 있을 수는 있다. 그렇지만 누구나 평등하게 만족스런 생활을 누리기는 해야 한다. 다른 한편으로, 숙련이 덜 돼 처음에는 손해를 보는 사람도 있을 수 있다. 그러나 그들도 시간이 지날수록 뒤진 것을 만회하는 게 당연하다. 그렇다면 체계적인 이윤 획득은 어디서 생길 수 있을까? 몇몇 개인들이 다른 사람들을 속여서 이득을 볼 수는 있을 것이다. 그러나 이것으로는 어떻게 고스란히 한 계급이 온통 부자들로 이뤄져 있는지 ─ 사실 근대 자본주의 아래서는 실제로 생산물을 판매하는 사람들이 거의 하나같이 부자들이다 ─ 설명할 수 없었다. 마르크스가 지적했듯이,

> 자본가계급을 전체로 놓고 볼 때, 그들은 한 계급으로서 자신들을 부유하게 만들 수 없으며 …… 한 자본가가 잃은 것을 다른 자본가가 획득하는 식으로는 그들의 총자본을 증가시킬 수 없다. 전체로서 그 계급은 자신들을 속여 이익을 챙길 수 없다.

만일 자본가가 서로 다른 자본가들에게서 이윤을 얻는 게 아니라면, 다른 어딘가에서 얻어오는 게 분명할 것이다. 그렇다면 어디서일까?

마르크스보다 거의 100년 전에, 이미 애덤 스미스는 노동을 가치의 원천으로 보는 자신의 견해와 다른 견해 ─ 자본이 '수익'을 남겨서 가치를 증가시키는 것으로 보는 견해 ─ 를 한데 섞어 이윤을 설명해 보려 했다.

현재 자본의 몇몇 형태들 ─ 기계, 공장 건물 등 ─ 은 다른 경우

보다 노동을 훨씬 더 생산적으로 만드는 게 사실이다. 아무리 기본적인 도구라고 해도 인간의 생산성에 막대한 보탬이 된다. 예컨대 손수레로 작업하는 인부는 짐을 지고 나르는 노동자보다 더 적은 노력으로 훨씬 더 무거운 짐을 운반할 수 있다. 그러나 기계와 공장 건물은 자체적인 능력으로 존재하는 사물이 아니다. 그것들은 그 이전의 인간 노동이 낳은 생산물이다. 인부의 노고를 덜어 주는 손수레도 그 자체가 금속 노동자의 노고로 만들어진 생산물이다. 마르크스가 생산수단을(현재의 일, 즉 '산 노동'과 대비해서) '죽은 노동'이라고 불렀던 이유가 바로 여기 있었다.

판매되는 재화의 가치도 여전히 거기에 투입되는 노동에 따라 좌우된다. 비록 현재의 노동이 아닌 과거의 노동이 그 한 부분을 차지하지만 말이다. 만일 자본가가 자신이 공장이나 기계에 투자한 대가를 받아야 한다고 말한다면, 그 공장이나 기계가 어떻게 그것을 처음 만든 노동자의 손에 있지 않고 그의 손에 들어오게 됐는지 그에게 되물어야 한다. 더욱 중요한 것은, 기계는 산 노동을 통해 작동되지 않으면 가치를 증가시킬 길이 없다는 점이다. 기계 혼자서는 아무것도 할 수 없다. 기계로 하여금 증가된 가치와 더불어 새로운 재화를 생산하게 만드는 것은 바로 그것을 작동하는 인간이다.

인간은 기계 없이도 물건을 만들 수 있다. 그러나 기계는 그것을 작동시키는 인간이 없으면 아무것도 만들 수 없다.

물건의 교환가치를 궁극적으로 결정하는 것이 인간 노동이라는 사실은 현대 과학 기술의 발전이 낳은 변화를 통해서도 확인된다. 이삼십 년 전에는 아주 값비쌌던 품목들의 경우, 그 생산에 관련된 기계가 대개 더 복잡해지고 값이 비싸졌는데도 기술 발전으로 생산에 필요한 노동량이 감소함에 따라 가격이 하락했다.

그래서 1960년대에는 전자계산기의 값이 40~50파운드였지만 (요즘으로 치면 400~500파운드에 상당한다) 지금은 1~2파운드를 주고 훨씬 더 성능 좋은 전자계산기를 살 수 있다. 마찬가지로 그 당시에 보통 수준의 컴퓨터를 사려면 50만 파운드는 들었을 테지만, 지금은 비슷한 컴퓨터를 600~700파운드로 살 수 있다.

이렇게 가격이 하락하지 않은 재화들은 아직도 생산하는 데 과거와 거의 같은 양의 노동이 필요한 것들 ― 자동차, 식료품, 벽돌·모르타르, 많은 의복류 ― 이다.

이윤과 착취

이윤, 이자, 지대로 자본가에게 흘러들어 가는 것을 포함해서 모든 가치의 원천이 노동이라는 견해는 애덤 스미스 시대 이후로 자본주의의 옹호자들을 점점 더 난처하게 만들었다. 이것은 자본가들이 자신들이 대신한 봉건제 옹호자들만큼이나 커다란 기생적 존재가 됐음을 뜻했기 때문이다. 그 결과 친자본주의 경제학자들은 이윤을 설명하기 위해 '절제'에 기반을 둔 갖가지 이론들을 펼치게 됐다. 이제 그들은, 자본가가 자신의 부를 직접 소비하지 않고 대신 사람들을 고용하는 데 사용했으므로 그것에 대한 대가가 이윤이라고 주장했다.

그러나 마르크스가 지적한 대로, 이것은 터무니없는 주장이다. 사람들을 고용하는 것은 그들의 노동력을 사는 것을 뜻한다. 만일 자본가가 이것을 이유로 이윤을 얻는다면, 어떤 것을 사는 사람은 누구나 이윤을 얻어야 마땅하다. 그렇다면 왜 노동자들은 생계유지에 필요한 물품들을 살 때 이윤을 얻지 못하는가?

절제이론은 순전히 날조된 신화다. 자본가들이 투자를 한다고 해서 자신의 현재 재산을 희생하는 것은 아니다. 사실상 자본가들의 투자는 그들의 자산 가치를 유지시켜 주며, 동시에 이윤은 그가 아무 일도 하지 않으면서 그 위에 보태서 얻게 된다.

따라서 실질이윤율이 10퍼센트(자본가들의 기준으로는 매우 낮은 수치다)인 경우, 투자금을 100만 파운드 가진 사람은 1년에 10만 파운드(일주일에 2000파운드)를 가장 무절제하게 흥청흥청 쓰더라도, 연말에도 변함없이 그해 초나 다름없는 재산을 보유할 수 있다. 그리고 그 다음 해에도 아무것도 하지 않은 채 또 10만 파운드를 벌 수 있다. 이와 대조적으로 현재 1995년 평균임금을 받는 노동자의 경우에 설사 그가 기적적으로 완전히 의식주를 '절제'할 수 있다고 할지라도 그만큼 투자할 수 있는 돈을 벌려면 80년은 족히 걸릴 것이다.

진짜 현실은, 마치 노예 소유주가 노예들을 혹사시키면서 사치스런 생활을 즐길 수 있었고 봉건 영주가 농민들을 자기 장원에서 공짜로 부려 먹으며 배를 채울 수 있었듯이, 자본가가 자기 노동자들의 노동 중 일부를 강탈해서 이윤을 챙길 수 있는 것이라고 마르크스는 역설했다. 단 한 가지 다른 점은 노예들이나 중세 농민들에게는 그들 노동의 결실을 다른 누군가가 앗아가고 있다는 가혹하디 가혹한 현실을 전혀 감출 게 없었다는 점이다. 누군가가 채찍이나 곤봉을 들고 그들 위에 서 있었기 때문에, 그들은 그 사실을 모르려야 모를 수가 없었다.

이와 달리 현 체제에서는 노동자와 자본가 사이에 공정하고 평등한 교환이 성립되는 것처럼 보인다. 노동자들은 일정한 금액 — 임금 — 을 받고 자신들의 노동력을 판다. 그리고 채소장수가 시가時價대로 계란 값을 받듯이, 그들도 그 직업의 현행 시세에 따라 임금을 받는다. 그야말로 '공정한 노동에 공정한 보수'인 것처럼 보인다.

그러나 노동자와 자본가 사이의 이 외관상 '공정한' 교환은 그 둘 사이의 근본적인 불평등을 은폐하고 있다. 노동자와 자본가는 양쪽 모두 일할 능력을 가지고 있다(비록 자본가는 좀처럼 이 능력을 사용할 필요가 없긴 하지만 말이다). 그렇지만 작업 진행에 필요한 도구와 원료를 통제하는 것은 그들 가운데 한쪽, 즉 자본가뿐이다. 만일 사람들이 도구나 토지를 갖고 있지 못하다면 그들은 굶주릴 것인가 아니면 도구나 토지를 소유한 사람들을 위해 일할 것인가 하는 내키지 않는 선택에 직면하게 된다.

애덤 스미스가 지적했듯이,

토지 전유나 주식자본의 축적보다 더 앞서는, 재화의 본원적 상태에서는 전체 노동생산물이 노동자에게 속해 있었다. …… 그러나 토지가 사유화되자마자, 토지 소유주는 생산물에서 자기 몫을 요구한다. ……

　마찬가지로 모든 노동의 결과물은 이윤 공제를 피할 길이 없다. …… 모든 …… 매뉴팩처에서 직공들 상당수는 자신들에게 작업 원료를 대줄 고용주를 필요로 한다. 고용주는 그들의 노동생산물을 분배받는다.

애덤 스미스 시대에는 아직도 많은 소농들과 자영 수공업자들이 자기의 생계수단을 소유하고 있었다. 그러니 그런 시대에 들어맞았던 진실이 오늘날에는 백 배는 더 옳다. 부를 창출하는 모든 수단 ― 공장, 기계, 농지 ― 은 이제 소수 사람들의 손에 집중돼 있다. 영국에서는 800명가량의 이사들로 구성된 겸임이사회가 운영하는 200대 대기업이 국민생산의 절반 이상을 책임지는 생산수단을 거머쥐고 있다. 영국의 유능한 2400만 명의 노동인구 태반이 그런 사람들을 위해 일하려고 애써야만 한다. 이것은 보통 '노동계급'으로 인정되는 생산직 노동자들에게만 해당하는 얘기가 아니다. 자신들을 '중간계급'으로 여기는 다수 사무직 노동자들에게도 적용된다. 문서 정리 직원이나 전산처리 직원, 신문·잡지의 편집

부서원들, 상점 점원 등 이들 모두 자동차 노동자나 항만 노동자와 마찬가지로 자신들의 노동력을 팔아야 한다.

학교를 마치거나 실직한 사람들 가운데 자기 사업을 시작할 만한 재산을 가진 사람은 극히 드물다. 공장과 사무실을 소유한 회사에 자기 노동력을 팔려고 애쓰지 않는다면, 남은 대안은 복지제도에서 제공하는 보잘것없는 수입으로 살아가는 방법뿐이다. 정부에서는 사람들에게 일할 '동기'를 부여할 필요가 있다고 말하면서, 심지어 이 액수까지도 점점 제한하고 있다.

생산수단을 손에 쥔 사람들에게 자신의 노동력을 팔 각오를 하지 않으면 웬만한 생활은 흉내 낼 엄두도 낼 수 없는 것이 절대다수의 인구가 처한 냉혹한 현실이다. 그들은 특정 개별 회사나 자본가를 위해 일하지 않아도 된다는 의미에서는 '자유'로울지 모른다. 그렇지만 결국 누군가를 위해서 일해야 한다는 것에서는 벗어날 수 없다.

마르크스가 쓴 대로, "노동자는 언제든 내키면 자기가 고용돼 있는 개별 자본가를 떠날 수 있다. …… 그러나 노동자는 자기 노동력을 파는 것이 유일한 생계 원천인 까닭에, 생존을 포기하지 않는 다음에야 전체 구매자 계급, 즉 자본가계급을 떠날 수 없다. 그는 어느 한 부르주아 개인에게 매인 것이 아니라, 부르주아 계급 전체에 매여 있다."

노동자는 노예, 즉 한 자본가의 사유재산은 아닐지 모른다. 그러나 그는 자본가계급의 일원을 위해 땀 흘려 일하도록 강요된 '임금

노예'다. 그렇기 때문에 노동자는 자신의 노동생산물에 밑도는 임금을 받아들여야 하는 처지에 놓여 있다. 자본주의에서 그들이 받는 임금의 가치는 그들이 실제로 수행한 노동의 가치에는 턱도 없이 못 미친다.

이윤은 어디서 생기는가

일상 언어에서 우리는 종종 노동자가 '그들의 노동에 대한' 보수를 받는다고 이야기한다. 그러나 마르크스는 '그들의 노동'이라는 말이 두 가지 다른 뜻이 있다고 지적했다.

그 말은 그들이 수행하는 노동을 뜻하지만, 동시에 일할 수 있는 그들의 능력 — 마르크스가 '노동력'이라고 명명한 — 을 뜻하기도 한다.

이 두 가지는 서로 전혀 다르다. 사람들이 일할 수 있는 능력은 그들이 매일 생기 있는 모습으로 일터에 나올 수 있을 만큼 충분한 의식주와 휴식 시간을 누리느냐에 달려 있다. 그래야만 필요한 노력을 투입하고 당면한 임무에 충분히 주의를 기울일 수 있기 때문이다. 따라서 이런 재화들을 구매할 수 있을 만큼 보수를 받지 못하면, 그들은 신체적으로 일을 감당할 수 없을 것이다. 애덤 스미스가 말한 대로,

최하위급의 노동이라 하더라도 상당 기간 통상 임금을 그 이하로 낮출 수 없는 일정한 최소치가 존재한다. 사람은 언제나 일을 해서 생계를 이어가야 하므로, 그의 임금은 그를 부양할 만큼은 돼야 한다. 대개의 경우에는 어느 정도 그것보다 더 많기도 해야 한다. 그렇지 않으면 노동자가 자기 가족을 양육할 수 없어서 그런 노동자 가계가 한 세대 이상 존속될 수 없을 것이다.

정확하게 어느 정도가 노동자에게 '충분한'지는 그들이 하는 일과 그들이 생활하는 사회의 일반적인 조건에 좌우된다. 때문에 오늘날 서유럽이나 미국, 일본, 심지어 한국의 노동자들도 1840년대 중반 엥겔스가 만났던 맨체스터 노동자들 — 그 점에서만큼은 현재 인도나 아프리카의 다수 노동자들 — 보다 당연히 더 나은 의식주와 더 많은 휴식 시간을 기대한다. 때때로 더 선견지명이 있는 고용주는 마치 젖소에게 건초를 충분히 먹여야 우유를 많이 짜낼 수 있는 것을 아는 영리한 농부처럼, 노동자들에게 일정한 최소한의 조건을 제공해야 그들이 생산적으로 열심히 일할 수 있음을 인정한다. 1995년 1월자 〈파이낸셜 타임즈〉 한 기사의 보고에 따르면, "직원들이 휴가를 얻어서 업무 외의 생활을 유지하지 않는다면 직무를 효율적으로 수행할 수 없으리라는 것을 …… 많은 경영자들이 실감한다. '나는 직원들에게 휴가를 가지라고 강조한다. 그러지 않으면 그들은 생산성이 더 떨어진다'고 영국의 한 주요 회계회사 간부는 설명했다."

물론 많은 고용주들이 이렇게 생각하지는 않는다. 그들은 임금으로 나가는 돈은 한 푼도 아까워하며, 노동자들이 고용주들을 위해 일하지 않는 시간은 1분도 곱게 보지 않는다. 또한 노동자들이 단지 임금을 고용주를 위해 일할 수 있게 해 주는 매개물로 보지 않는다는 것은 분명하다. 그들에게 임금은 자신들이 원하는 것 — 맥주 몇 잔이 됐든, 중고차나 아이들 장난감, 2주일의 휴가가 됐든 간에 — 을 살 수 있는 기회를 주는 존재다. 그런 까닭에, 고용주는 노동자 가족의 생계유지에 필요한 최소치 이하로 임금을 깎으려 하고, 노동자는 좀 더 많은 '자유 시간'과 '사소한 사치품' 몇 가지라도 가질 수 있게 임금을 이 최소치 이상으로 끌어올리려고 하면서 고용주와 노동자 사이에 늘 끊임없는 투쟁이 벌어진다. 그러나 마르크스 당시와 별로 다를 바 없이 현대 자본주의에서도, 생산직·사무직 노동자 대부분이 일을 마치고 난 뒤 정신적으로나 육체적으로나 기진맥진해지며 돈을 쓰더라도 기껏해야 다음 날이나 다음 주에 다시 일을 시작할 수 있는 컨디션으로 회복하는 게 고작이다. 아침저녁으로 만원 버스나 지하철에서 시달리며 출퇴근할 때, 한결같이 지쳐 있는 생산직·사무직 노동자들을 숱하게 볼 수 있다.

노동자가 받는 임금이나 봉급은 이렇듯 일할 능력을 회복시키는 데 드는 비용 — 즉, '노동력' 재충전 비용 — 에 따라 좌우된다. 임금이 너무 낮으면 노동자들은 영양을 제대로 공급받지 못하고 너무 피로해져서 제대로 일할 수 없게 될 것이다. 그들은 일할 마음이 나지 않을 것이고, 그렇게 되면 자본가들은 그들에게서 바라는 만큼의 생산을 얻어 낼 수가 없다. 거꾸로, 임금이 노동자들의 노동력을 회복시키는 비용보다 더 많다면 고용주는 더 싸게 구할 수 있는 다른 노동자들로 그들을 갈아치우려 안간힘을 쓸 것이다.

사고파는 다른 상품과 마찬가지로, 노동자가 가진 노동력의 가치는 그것을 생산하는 데 필요한 노동량에 달려 있다. 다시 말해서, 노동자들이 건강하고 좋은 컨디션을 유지해 일할 준비를 갖출 수 있게 하는 데 필요한 영양분 생산에 투입되는 노동량 ― 하루 세 끼 식사를 제공하고, 일터로 실어 나르고, 저녁과 주말에는 약간의 기분 전환도 제공하며, 다음 세대 노동자가 될 아이들을 양육하는 데 얼마만큼의 노동이 필요한가 ― 에 달려 있다. 그러나 일할 수 있게 컨디션을 유지시켜 주는 재화를 생산하는 데 필요한 노동량과 실제로 일단 일을 시작했을 때 노동자가 일할 수 있는 양은 같지 않다. 노동자 한 가족의 의식주를 생산하는 데에는 고작해야 평균 4시간의 사회 총노동이면 충분할지 모른다. 그러나 노동자는 압력을 받아 하루에 8시간이나 10시간, 심지어 12시간이라도 일할 수 있다. 그러지 않으면, 자본가가 임금을 지불하지 않으려 들 것이다.

자본가는 현 시세대로 노동력 값을 지불한다. 그러나 그는 노동자에게서 하루의 노동을 벌어들인다. 그리고 그것은 하루 노동력의 현행 사용료보다 훨씬 더 가치가 있다.

그러므로 노동자가 먹고사는 재화를 생산하는 데 4시간의 노동이 드는데 노동자가 8시간 노동일을 한다면, 자본가는 노동자에게서 하루에 4시간의 노동을 거저 빼앗아가고 있는 셈이다.

자본가는 생산수단을 통제한다는 이유로 하루 4시간의 잉여노동시간을 착복할 수 있다. 마르크스는 이 잉여분을 '잉여가치' — 이윤, 이자, 지대의 원천 — 라고 불렀다.

자본가는 날마다 노동자에게서 이 가치를 가로채 간다. 그리고 그렇게 함으로써 잉여가치를 더 많이 가로챌 수 있는 지위로 끊임없이 올라서게 된다. 앞으로 더 많은 생산수단을 구입하고 노동자들이 꼼짝없이 자기를 위해 노예처럼 일하게 만들어 줄 자금을 바로 잉여가치가 제공해 주기 때문이다.

그런데도 나중에 가서 자본가들은 자신들이 노동자에게 친절을 베풀어 일하게 해 주는 거라고 억지를 쓴다. 그들은 마치 자신들이 우선 빼앗아가지 않으면 사회적 노동이 일어날 수 없는 양, 자기네가 '일자리 공급자'라고 주장한다. 노동계급 운동 내에도 그들을 '생산 파트너'라고 부를 만큼 어리석은 사람들이 몇몇 있다. 이것은 마치 노예 소유주가 노예의 '파트너'라거나 봉건 영주가 농노의 '파트너'라고 말하는 거나 다름없다.

사실은 노동자가 매시간 일할 때마다 자본가의 통제권을 더 보태 주는 것이다. 이것은 노동자들의 생활수준이 개선될 만한 상황이라 해도 마찬가지다. 마르크스가 ≪자본론≫에서 쓴 바대로,

더 나은 의복과 음식과 대우가 노예의 착취를 없애 버리지 못하듯이, 음식, 의복, 대우가 좀 더 나아진다고 해서 임금노동자에 대

한 착취가 사라지는 것은 아니다. 노동력 가격의 상승은 임금노동자가 이미 스스로 만든 황금 사슬의 길이와 무게가 잠시 느슨해진 것일 따름이다.

이렇게 해서 자본가는 더 많은 생산에 필요한 모든 공장 설비와 원료를 손에 넣을 수 있다. 그러고는 자신들이 '부의 창조자', 즉 다른 사람들에게 '일자리를 제공하는' 사람인 척할 수 있게 된다. 사실상, 그들이 한 일은 다른 사람들의 노동 생산물을 훔쳐온 것 — 그리고 또다시 훔칠 수 없으면 그것을 추가 생산에 이용하지 못하게 하는 것 — 이 전부다.

강탈과 자본주의의 출현

오늘날 우리는 노동력을 사고파는 행위를 당연하게 여긴다. 마치 해가 뜨고 지는 것만큼이나 '자연스럽게' 보인다. 그러나 이삼백년 전까지만 해도 이런 일은 어느 사회에서든 대수롭지 않은 특징에 지나지 않았다. 중세 말 유럽에서나 18, 19세기 유럽 식민지 건설 당시의 아프리카와 아시아에서는 대부분의 사람들이 — 비록 기생적인 지주에게 생산물의 일부를 떼어 줘야 하긴 했지만 — 어느 정도 직접 생계유지 수단을 가질 수 있었다. 농민들은 자기 소유의 땅에서 양식을 재배할 수 있었고, 장인들은 자신들의 소규모 작업장에서 물건을 만들 수 있었다.

이런 상황을 바꾸어 놓은 것은 강탈 — 다수 대중을 생산수단에 대한 일체의 통제권에서 강압적으로 떼어 놓는 것 — 이라는 원시적 행위였다. 이것은 사회 내 일부 특권 집단의 명령을 받은 국가가 무력을 사용해 완수됐다.

그래서 예컨대 잉글랜드와 웨일즈 지방에서는 자본주의의 출현이 '인클로저 법령' — 수세기 동안 경작해 온 공유지에서 농민들을 강제로 몰아낸 일련의 의회 조례 — 과 더불어 일어났다. 그 뒤 '부랑'금지법들이 추가로 통과돼, 토지를 빼앗긴 농민들이 아무렇게나 주는 대로 임금을 받더라도 어쩔 수 없이 일자리를 찾게 만들었다. 스코틀랜드에서는 '철거령'이 똑같은 구실을 한 결과, 지주들이 소작인들을 토지에서 몰아내고 대신 거기서 처음에는 양을, 그 뒤에는 사슴을 사육했다.

영국 지배자들은 전 세계에 걸쳐 자신들의 제국을 개척해 나가면서, 마찬가지로 대다수 민중을 생계유지 수단에 대한 통제권에서 분리시키는 조치를 취했다. 인도에서 그들은 이미 엄청난 특권을 누리고 있던 인도 지주계급에게 완전한 토지소유권을 부여했다. 그리고 동아프리카와 남아프리카에서는 보통 각 가구家口마다 일정 금액의 인두세를 강제 징수했는데, 가정에서 그 돈을 조달하려면 일자리를 찾아 가족 몇 명을 유럽의 농장주들이나 사업가들에게 보낼 수밖에 없었다. 또 북아메리카와 카리브해 연안에서는 토착민들을 억지로 '자유' 임금노동자로 만들기 힘들어지자, 마음껏 이윤을 획득하기 위해 서아프리카에서 납치한 노예 수백만 명을 수입하기도 했다.

마르크스는 이렇게 자본주의적 생산 발전에 필요한 조건을 창출하는 과정을 '자본의 원시적 축적'이라고 불렀다. 여기에는 두 가지 요소 ― 한편으로는 막대한 부를 자본가계급의 수중에 집중시키는 것이고, 다른 한편으로는 인구 대부분이 생계유지 수단에 대한 직접적 소유에서 '해방시키는 것' ― 가 포함됐다.

일단 자본주의가 확립되고 나자, 그 자체의 경제적 장치들이 이런 과정을 더 한층 촉진했다. 예를 들어, 영국에서는 18세기 말까지도 수십만 명의 수공업 방직공들이 존재했다. 그런데 50년도 채안 돼 그들은 기계식 직조기를 사용하는 자본가 회사들 때문에 몽땅 망해 버렸다. 1840년대 아일랜드에서는 ― 감자 수확이 실패한 뒤였는데도 ― 굶주린 농민들이 지주들(주로 영국인 지주들)에게 지대를 지불해야 하는 바람에 끔찍한 기근이 발생해 100만 명이 굶어죽고, 또 100만 명은 소작지를 버리고 일자리를 찾아 영국과 미국으로 건너갔다.

이런 일들은 그 뒤로 숱하게 반복됐다. 아프리카, 아시아, 라틴아메리카 등지에서는 일상적인 '경제적' 압력 ― 지대를 낼 여유가 없는 사람들에 대한 군사행동으로 뒷받침된 ― 으로 말미암아, 수억 명이 소작지를 버리고 좀처럼 구하기 힘든 일자리를 찾아 대도시의 빈민가로 흘러 들어갔다. 거기서 그들은 아무렇게나 되는 대로 임금을 받으며 뼈 빠지게 일하는 것 외에 다른 도리가 없었다.

일단 자본주의가 전 세계에 걸쳐 완전히 확립되고 나면, 사람들을 일하게 하려고 직접 압력을 넣을 필요성이 적어진다. 시간이 흐르면서 사람들은 한때는 자신들이 다른 누군가를 위해 일하지 않고도 살아갈 수 있었음을 잊어버리기 때문이다. 그들은 사장과 노동자 사이의 관계를 당연하게 여기기 시작한다. 그리고 자본가들이 '일자리를 제공한다'는 말 뒤에 있는 임금노예의 현실을 은폐하는 자본주의의 선전을 너무 쉽게 받아들인다.

착취의 현실 — 다수가 생산한 가치를 몇 안 되는 소수가 거머쥐고 있는 — 은 보이지 않게 감추어져 있다.

마르크스는 이런 상황을 가리켜 '상품의 물신화'라는 용어로 표현했다. 그는 사람들이 자본주의 거래의 표면에서 벌어지는 것만을 보고 그 밑에 놓인 실제 인간관계를 보지 못하는 잘못을 범한다고 지적했다. 결국 그 실제 관계를 보지 않고서는 사태를 체계적으로 이해할 방법이 없다는 것이다.

자본주의의 동학

노동당 당수 토니 블레어는 마르크스주의가 이제 물 건너갔다고 말한다. 왜냐하면 마르크스주의가 '시장경제'의 '동학dynamism'을 이해하지 못한다는 것이다.

그런 주장은 토니 블레어가 마르크스주의 사상에 얼마나 무지

한지 드러내 준다. 왜냐하면 자본주의에 관한 마르크스의 분석 전체가 자본주의 동학에 대한 — 잠자코 정지해 있을 수 없는 자본주의의 특성, 자본주의 체제 안에서 일하는 사람들의 생활과 생산을 가차없이 변화시키는 특성에 대한 — 이해에 바탕을 두었기 때문이다.

마르크스가 1848년 초 프리드리히 엥겔스와 함께 쓴 ≪공산당 선언≫에는 다음과 같은 주장이 담겨 있다.

부르주아지는 100년도 채 안 되는 통치 기간에, 이전 세대들을 모두 합쳐 놓은 것보다 더 거대하고 어마어마한 생산력을 창출해 냈다.

≪공산당 선언≫에서는 자본주의에서 끊임없는 산업의 변화를 강조했다.

부르주아지는 생산수단을 끊임없이 변혁하지 않고서는 존재할 수 없다. …… 생산의 부단한 변혁은 …… 부르주아 시대를 그 이전의 모든 시대와 구별 지어 준다.

≪자본론≫에서 마르크스는, 이전보다 더 거대한 산업을 건설하려는 쉼 없는 추동drive을 자본주의의 특징으로 본다.

가치를 자기 증식하는 데 미친듯이 골몰한 나머지 그[자본가 ─ 하
먼]는 생산을 위해 생산하도록 인류를 잔인하게 몰아친다. ……
축적을 위한 축적, 생산을 위한 생산!

≪자본론≫은 축적에 대한 이 선천적 강박관념이 어떻게 자본
주의 시장의 본성에서 비롯했는지 설명하고 있다. 이 저작의 제1
권은 우선 시장을 위한 생산('상품생산')을 분석하는 데서 출발해서,
임금노동이 생겨나고 노동력이 상품화하면 무슨 일이 생기는지 살
펴본다. 그러고는 임금노동을 사용한 생산이 어떻게 해서 인간의
필요와 개인의 욕구를 무시하는 강제적 축적 과정을 낳게 되는지
설명하면서 끝을 맺는다.

마르크스는 토니 블레어나 그 밖에 '현대적'인 척하지만 실상은
진부하기 짝이 없는 친자본주의 사상가들과 엄연히 다르다. 그 까
닭은 마르크스가 자본주의를 동적인 존재로 보지 못하기 때문이
아니다. 오히려 진짜 이유는 그가 다른 사람들과는 달리, 자본주의
동학이 비인간적이고 불합리한 특성과 떼려야 뗄 수 없음을 인식
하기 때문이다.

자본주의는 오늘날 세계적으로 30억 명에 달하는 노동인구를
거느린 하나의 사회적 생산 체계에 기초해 있다. 그러나 생산을 조
직하는 것은 개별 경쟁 기업들(대개는 사유화되고, 일부는 경쟁 국가들
이 소유한)이며, 그들의 동기는 오로지 경쟁에서 서로 앞서야 한다
는 것뿐이다. 각 기업들이 저마다 임금노동의 착취에서 발을 뺄 수

없다는 사실 때문에 그들 중 어느 누구도 이제 자기가 성취한 것에 만족할 수가 없다. 아무리 과거에 성공을 거둔 기업이라고 해도, 경쟁 기업이 더 새로운 최신 설비와 기계에 이윤을 투자하지 않을까 하는 불안을 한시도 떨쳐 버리기 힘들다. 그래서 너 나 할 것 없이 모든 기업들이 항상 경쟁사보다 더 많은 이윤을 벌어들이려고 안달할 수밖에 없다. 또한 그렇기 때문에 모든 기업들이 자기네 노동자들에게 가능한 한 낮은 임금으로 최대한 많은 일을 시키려 드는 것이다. 자본가들은 잠시도 가만히 정지해 있지 못한다. 그렇게 되면 경쟁사들에게 뒤쳐져서 결국 파산하기 때문이다.

바로 이것이 자본주의의 동학을 설명해 준다. 남들보다 앞서야 한다는 압력 때문에 각 자본가들은 결국 설비와 기계의 품질을 부단히 높이고, 그것을 가능케 할 이윤을 제공하라고 노동자들에게 쉴 새 없이 압력을 넣는다. 이런 점 역시 이 체제를 비인간적으로 만든다.

제대로 된 사회라면, 새로운 노동절약형 장비를 도입하고 자동으로 생활수준을 더 높이고 주당 노동시간을 단축할 것이다. 그러나 자본주의에서는 그렇지 못하다. 이 사회에서는 기업들이 하나같이 사업유지 비용을 깎아 내리느라 — 그리고 그것은 곧 노동자들의 생활수준을 억누르는 것을 뜻한다 — 혈안이 돼 있다.

자본주의에서 결정되는 사항이 얼마나 비인간적이고 불합리한지는 심지어 사장들도 하고 싶은 일을 마음대로 하지 못한다는 점에서 다시금 확인된다. 그들은 노동자들을 착취할 이러저러한 방식을 선택할 수 있다. 그렇지만 ― 파산하고 싶은 게 아니라면 ― 노동자들을 아예 착취하지 않거나 다른 자본가들보다 덜 착취하는 쪽을 택할 수는 없다. 개인의 감정이야 어떻든 상관없이 그들 자신도 무자비하게 제 갈 길을 가는 체제에 종속돼 있기 때문이다. 자본주의는 실로 아귀다툼의 현장이다. 누구든 아귀餓鬼가 아닌 자본가, 즉 경쟁의 압력보다 자신의 필요를 우선시하고 노동자들을 잘 대우하려 애쓰는 자본가는 오래 살아남지 못한다.

게다가, 자본가들 사이에서 벌어지는 맹목적인 경쟁은 필연적으로 체제 전체를 혼돈에 빠뜨리도록 위협하는 상황을 낳는다. 경쟁 기업의 생산은 시장과 연결돼 있다. 상품을 판매하지 않고서는 어느 개별 자본가도 생산을 계속할 수 없다. 그러나 판매력은 곧 다른 자본가들의 소비 ― 그들의 직접적인 재화 소비(사치품이나 기업 설비와 기계에 대한 소비처럼)와 노동자들에게 지불하는 임금(생계유지를 위해 다시 지출하는) ― 에 달려 있다. 그런데 이들 자본가들도 자신들의 상품을 팔지 않고서는 지출을 할 수 없게 된다.

시장은 이 체제 어딘가에서 이뤄지는 생산이 다른 모든 곳에서 벌어지는 일에 좌우되게 만든다. 어느 한 지점에서 판매와 구매의 사슬이 부서지게 되면, 체제 전체가 삐거덕거리며 멈추기 시작할 수 있다. 그때 경제 위기가 발생한다.

2장
위기를 설명하기

호황과 불황

자본주의 경제학과 경제 위기

위기는 어떻게 발생하는가

호황과 불황

산업자본주의의 역사는 호황과 불황 — 기성 경제학자들이 '경기순환'이라 부르는 — 의 역사다. 거의 200년 동안에, 한동안은 생산이 광적으로 팽창하다가 갑작스레 붕괴하는 일이 여러 차례 반복됐는데, 그런 시기에는 모든 산업 부문이 삐거덕거리며 멈춰 선다.

지난 20년 동안에 그런 경기후퇴를 세 차례나 경험했는데, 매번 노동자들에게 그 전보다 더 무거운 부담을 짊어지운 탓에 생계수단을 잃은 — 때로는 집까지 잃은 — 대중의 삶은 극도로 황폐해졌다. 그런 주기적 위기는 이 체제의 작동 방식에 이미 내재해 있다.

각 기업들은 저마다 이윤을 극대화하느라 여념이 없다. 이윤을 남기기가 쉬워 보이면, 기업들은 곧장 체제 구석구석까지 자신들의 생산을 전속력으로 확장한다. 기업들은 생산된 재화가 쉽게 팔릴 거라고 믿으며 새로운 공장과 사무실을 개업하고, 새 기계를 구입하며, 종업원을 고용한다. 그렇게 함으로써 그들은 다른 기업들에게 시장을 제공한다. 다른 기업들이 그들에게 원활하게 설비와 기계를 판매하거나, 그들이 고용한 노동자들에게 소비재를 팔 수 있기 때문이다. 전체 경제가 급속히 번창하고 재화는 더 많이 생산되며 실업은 감소한다.

그러나 이런 일은 결코 오래 가지 못한다. '자유' 시장이 여러 경쟁 기업들 사이에 조정을 불가능하게 만들기 때문이다. 예컨대 차체에 필요한 강철을 만드는 기업이나 타이어에 필요한 고무를 생산하는 말레이시아 농장에서 아무런 확장을 하지 않는 상황에서, 자동차 제조업자는 생산을 확장하기로 결정할 수 있다. 마찬가지로 기업들이 서로 앞을 다투어 숙련노동자를 고용하기 시작할 수는 있지만, 그런 숙련노동자를 더 많이 양성하기 위해 훈련을 책임지겠다고 나서는 기업은 아무 데도 없다.

어느 기업에게나 중요한 것은 오로지 가능한 빨리 최대한 많은 이윤을 얻는 것뿐이다. 그렇지만 그렇게 무턱대고 덤벼들다가는 원재료와 구성 요소, 숙련노동자, 기업 재정 등의 현재 공급량이 금세 바닥나 버릴 수 있다.

지금껏 자본주의가 겪었던 호황에서는 매번 원재료, 구성요소, 숙련노동자, 재정 등이 느닷없이 부족해지는 시점에 이르곤 했다. 그러면 가격과 이자율이 급등하기 시작한다. 그리고 이것은 거꾸로 노동자들이 자신들의 생활수준을 지키기 위해 행동에 나서도록 고무한다.

호황에는 필연적으로 인플레이션이 뒤따른다. 개별 자본가들에게 더 심각한 것은 비용 증가로 일부 기업들의 이윤이 금방 날아가 버려 파산 직전에 내몰리게 된다는 점이다. 그들이 자신을 보호할 수 있는 유일한 방법은, 생산을 축소하고 노동자들을 해고하며 공장을 폐쇄하는 것이다. 그러나 그렇게 되면 그들은 다른 기업들의 상품 시장을 무너뜨리게 된다. 호황이 물러가고 불황이 들어서는 것이다.

불시에 '과잉생산'이 생겨난다. 사람들의 구매력이 떨어진 탓에, 상품들은 창고에 쌓여 간다. 또 상품들이 팔리지 않는 탓에, 그것을 생산한 노동자들이 해고된다. 그 결과 노동자들이 구매할 수 있는 재화는 더 줄어들고, 체제 전체의 '과잉생산'량은 실제로 더 많아진다.

자동차 산업에서는 예전만큼 자동차를 팔 수 없게 되고, 따라서 강철을 더 조금만 사들인다. 때문에 철강공장이 문을 닫고, 철강 노동자들은 해고당한다. 그런데 해고당한 철강 노동자들이 자동차를 살 수 없게 되므로, 자동차 생산은 더욱 줄어든다. 이제는 자동차 산업 노동자들이 해고될 차례다. 그러나 그렇게 되면 그들은 강철로 만든 세탁기나 냉장고 따위를 살 수 없고 강철의 필요량은 더욱 줄어들고, 더 많은 철강공장이 문을 닫게 되며, 더 많은 철강 노동자들이 해고되고, 결과적으로 자동차 판매량은 더욱 줄어든다. 각 기업들이 저마다 임금을 억누르고 생산성을 향상시키며 노동자들을 해고해야만 살아남을 수 있다고 주장하는 악순환이 되풀이된다. 실제로는 기업들이 그런 조치를 취하는 순간마다 다른 기업들의 시장이 더 축소되며, 거기서 더 많은 노동자들이 해고되고 임금이 삭감됨으로써 결국은 자기 회사 상품 시장이 축소된다.

호황에서 불황으로 전환할 때에는 언제나 큰 사건이 기습적으로 터진다. 대서양을 사이에 둔 양쪽 대륙에서 1980년대 말 내내 사회의 지도적 인사들은 자기네 경제가 기적처럼 잘 돌아가고 있다고 큰소리쳤다. 1990년 영국 보수당 정부 총리인 존 메이저와 재무장관 노먼 라몬트는 경기후퇴란 없을 거라고 거듭 장담했다. 거의 모든 경제 예측 전문가들이 그들에게 지지를 보냈다. 〈파이낸셜 타임즈〉의 피터 노먼은 보고하기를, "OECD가 최근 발표한 〈이코노믹 아웃룩〉에는 한 가지 반가운 소식이 실려 있다. 그것은 선진 산업국들의 경제활동이 지속적인 3퍼센트 경제성장률로 안정됐다는 것이다."

그러고 나자 어디선지 모르게 느닷없이 불황이 들이닥쳤다. 바로 앞서의 그 피터 노먼은 이제 이렇게 보고했다. "불길한 경제 소식에 대한 지루한 이야기다. 실질적으로 생산 하락, 소매 판매고 격감, 실업률 증가 등에 관한 모든 지표들이 예상보다 더 악화됐다." 〈파이낸셜 타임즈〉 자체도 사태에 대해 어찌할 바를 모르고 당황하고 있었다. 한 정기 기고가는 "모든 것이 불투명해 보인다"고 털어놓았다. 라몬트는 이제 마치 경기후퇴가 밀물과 썰물처럼 자연스런 현상인 양 이야기했다. 소위 1980년대의 '경제 기적'에 대해 큰소리 뗑뗑 치던 그의 전임자 나이젤 로손은 이제 이렇게 주장하고 나섰다. "경기순환은 피할 수 없는 현실이다. 이런 기복은 늘상 있어 왔고, 앞으로도 그럴 것이다."

마르크스가 지적했듯이, 사업가들은 언제나 갑자기 공황이 들이닥치기 전까지는 만사가 기막히게 잘 돌아가고 있다고 생각한다. "갑작스럽게 무너져 내리기 전까지는 사업이 늘 빈틈없이 탄탄해 보인다." 그렇지만 불황은 항상 현실로 들이닥친다. 그리고 언제나 대중의 생활을 송두리째 황폐하게 만들고, 막대한 자원 낭비를 불러온다. 그런데도 불황에 대한 고용주와 정부의 반응은 늘 대중에게 "모든 사람들에게 골고루 돌아갈 만큼 넉넉지 못하"니까 "모두 저마다 희생을 감수해야" 하고 "허리띠를 졸라매야" 한다고 말하는 것뿐이다.

1990년대 초의 불경기에 영국 경제는 해마다 정상상태의 가능치보다 최소한 6퍼센트를 더 적게 — 결과적으로, 거의 3년 동안 해마다 총 360억 파운드의 산출 손실을 겪은 셈이다 — 생산했다. 이것은 달리 표현하면, 매해 손실이 국민보건서비스NHS의 비용과 맞먹는 수준이었다. 미국에서는 영국만큼 불경기가 심하지 않았다. 그런데도 미국의 산출 손실은 일 년에 500억 달러를 웃돌았다. 보통의 성장을 했더라면, 매년 1500억 달러의 초과 산출 — 이것은 사하라사막 이남의 아프리카에 사는 흑인 인구 전체를 먹여 살릴 만한 액수다 — 이 가능했을 것이다.

게다가 이것이 낭비된 액수를 빠짐없이 다 합한 수치도 아니다. 이것은 첫 번째 위기가 아니라 서방 세계가 앞서 16년간 세 번째로 경험한 위기였다. 서방 경제가 그 20년 전과 같은 평균속도로 3년 내내 성장을 계속할 수 있었더라면, 총산출량이 40퍼센트 이상 높았을 것이다.

전 세계적으로 경제 위기로 생기는 낭비액이 온갖 자연재해 — 지진, 화산 분출, 홍수, 전염병 등 — 로 입은 피해보다 훨씬 더 엄청나다. 그렇지만 경제 위기는 자연재해가 아니다.

사람들이 극도로 필요한 재화를 생산할 수단 — 한편으로는 재화 생산에 필요한 공장, 광산, 조선소, 농경지 등과 다른 한편으로는 거기서 일할 수 있는 노동사들 — 은 경제 위기가 한창일 때도 전과 다름없이 계속 존재한다.

실직한 남녀 노동자들이 폐업한 공장에서 일하지 못하게 가로막는 것은 자연재해가 아니라 바로 자본주의 구조다.

자본주의 경제학과 경제 위기

자본주의 위기로 생기는 낭비와 인간 생활의 황폐화에도 불구하고, 대부분의 주류 경제학자들은 그런 일이 실제로 일어나지 않는 척해 왔다. 그들은 두 세기 전에 살았던 프랑스 경제학자 세^{Say}의 '법칙'을 추종해 왔다. 이 경제학자는 누군가가 한 상품을 살 때에는 늘 다른 누군가가 그것을 파는 것이기 때문에, 경제 위기란 있을 수 없다고 말했다. 이 법칙이 오늘날 '한계효용학파'나 '신고전' 경제학파의 이론 속에 깊이 붙박여 있다.

이 학파에서는 시장의 '보이지 않는 손'이 생산물이 팔리도록, 그리고 '수요'와 '공급'이 일치하도록 자동으로 보장해 준다고 주장한다. 그리고 재화의 가격이 자본가들에게 무엇을 생산할지 알려 주는 신호 구실을 한다고 말한다. 이 '이론'은 오늘날 세계 구석구석에서 정치가들이 시장에 대해 늘어놓는 온갖 유행성 찬사의 밑받침이 되고 있다. 규제를 풀고, 기업을 사유화하며, 사회주의는 '물 건너갔다'고 공언하는 것을 이론적으로 정당화해 주는 것이 바로 이 이론이다.

이 '이론'은 곳곳에 결함투성이다.

가격 '신호'는 산출과 수요를, 판매와 구매를, 생산과 소비를 결코 순조롭게 연결할 수 없다. 생산은 항상 시간을 두고in time 일어나는 과정이다. 그러므로 '가격 신호'는 생산이 완료될 쯤에 사람들이 무엇을 원하는지를 말해 주는 게 아니라, 생산이 시작되기 전에 원했던 바를 나타낼 뿐이다.

이런 시간적 요인은 한 무리의 소농들이 농사를 짓는 것처럼 가장 단순한 형태의 상품생산에서도 커다란 문제를 일으킬 수 있다. 한 해의 날씨가 나빠 수확에 피해를 입으면, 실제로 가격이 뛰어오른다. 그렇지만 그렇다고 해서 그 해의 곡물 생산이 늘어나는 것은 아니다. 현실 세계에서는(시장 이론가들의 세계와 달리) 농부들이 다음 농작물을 파종하려면 이듬해 봄까지 기다려야 한다. '가격 신호'를 보고, 그들이 이전보다 더 넓은 지역에 씨앗을 뿌리는 것으로 반응할 수는 있다. 그러나 우연의 일치로 다음 해에도 똑같이 나쁜 날씨가 이어지지 않는다면, 곡물 생산이 소비자들의 수요를 초과하는 결과를 초래할 뿐이다.

이런 문제로 가장 유명한 사례는 이른바 '돼지 파동'이다. 이것은 돼지고기 수요가 양돈업자들이 팔려고 준비한 돼지 수를 초과하거나, 아니면 양돈업자들이 보유한 돼지 수가 돼지고기 구매층의 수요보다 훨씬 더 많거나 하는 일이 반복되면서 붙여진 이름이다. 그런데 모든 종류의 농업 생산에는 이와 비슷한 기복이 그림자처럼 따라다닌다.

소농들의 사회에서 거대한 자본가 기업들의 사회로 옮겨 와도 이런 순환은 사라지지 않는다. 실제로는 오히려 더 악화된다.

공업 생산은 최종 소비를 불과 두어 달 앞두고 시작되는 게 아니다. 공업 생산은 수년에 걸쳐 고정자본에 막대한 투자를 해서 공장을 짓고 기계를 설치하는 일에 좌우된다. '자유 시장'이 있는 탓에, 경쟁 기업들 사이에 조정이 불가능하다. 그러니 순전히 농업적인 체계에서보다 한층 더 뚜렷하게 '과잉생산'과 '초과수요'가, 그리고 불황과 호황이 교차할 수밖에 없다.

정통 학설이 이 문제를 피해갈 수 있는 유일한 방법은 그것을 무시해 버리는 것이다. '한계효용론'의 창시자 가운데 한 사람인 레옹 발라Leon Walras는 이 사실을 솔직하게 시인했다. 그는 "우리가 이 지점에서 시간 요소를 그저 무시함으로써 이 어려움을 해결할 수 있을 것"이라고 말했다. 로이 라드너는 1960년대 말에 경쟁적인 시장경제가 균형 — 생산되는 것과 요구되는 것 사이의 안정된 균형 — 을 이루리라는 것을 수학적으로 입증하려 했던 경제학자다. 그는 이것이 불가능하다고 결론 내릴 수밖에 없었다. 왜냐하면 그것은 이 체제에 몸담고 있는 사람들이 앞으로 어느 시점에서 맞닥뜨릴 모든 가능성에 어떻게 반응할지를 미리 안다고 가정하기 때문이다. 그러나 사람들이 실제로 그럴 수 없기 때문에 완전 균형 모델은 "말짱 수포로 돌아갔다"고 그는 결론 내렸다.

사실상, 실재 세계에서 생산과 소비 사이의 균형이 마침내 이뤄진다고 해도, 그것은 수요와 공급이 순조롭게 효율적으로 서로 맞아떨어져서가 아니라, 격렬한 진동 — 불황 — 을 거치기 때문이다.

친자본주의 경제학의 두 학파는 이 점을 이미 인정했다. 1930년대 대공황으로 몇몇 경제학자들, 특히 케인스 같은 사람이 세의 법칙에 대한 조잡한 모방을 거부하고 나섰다. 케인스는 자본주의의 지지자였지만 — 그 자신이 주식에 손을 대서 큰돈을 벌었다 — 자본주의 자체에서 자본주의를 구해내고 싶어했다. 그는 당시 경제학계에서 우세를 보이던 '한계효용학파'의 이론적 틀을 대부분 받아들였다. 그렇지만 만일 체제를 그대로 방치한다면, 상품 시장과 상품생산이 모두 무너져 내리는 불황이 발생해서, '수요'와 '공급' 수준이 둘 다 너무 낮은 바람에 균형을 이루게 되는 결과가 생길 것이라고 주장했다. 때문에 그는 정부가 경제에 '코를 들이밀지'만 않으면 경제가 자동으로 번창하리라는 당시의 — 뿐만 아니라 60년이 더 지난 오늘날에도 신봉하고 있는 — 상투적인 교의를 거부했다. 거꾸로 케인스는 오로지 정부의 개입만이 불황을 막을 수 있다고 생각했다.

1940년대, 1950년대, 1960년대에는 그런 관점이 '한계효용이론'

의 개정판과 혼합돼 정통 학설로 자리 잡았다. 각양각색의 정부들이 이 정통 학설을 받아들였고, 경제학을 공부하는 학생들은 그 학설을 배웠다. 노벨상 수상자인 존 새뮤얼슨은 당시 인기 있는 경제학 교재를 펴냈는데, 그 책에서 공황이 다시는 일어나지 않을 거라고 큰소리쳤다. "국가경제조사국National Bureau of Economic Research은 그 첫 번째 임무 가운데 하나인 경기순환 예측을 완전히 해결했다"고 말이다.

정부의 체제 개입에 대한 이런 신뢰는 1974~1976년의 거대한 경기후퇴를 겪으며 무너져 버렸다. 30년 동안 케인스주의 학설을 설교하던 경제학자들과 정치가들이 하루아침에 별안간 생각을 바꾸었다. 미국 경제학자 맨큐와 로머가 지적한 대로, "케인스주의로 일치했던 의견" 대신, "시장이 언제나 균형을 이루고 …… 보이지 않는 손이 늘 효율적인 자원 배분으로 경제를 인도한다"는 해묵은 사상이 다시 등장했다.

이제 경제학자들과 정치가들은 각자 정도는 달랐지만 '통화주의'라는 학설을 받아들이기 시작했다. 이 학설에 따르면, 정부의 개입이 필요하기는커녕 오히려 정부는 경제에서 총통화량을 억제하거나 노동조합들이 생활수준을 방어하는 경우처럼 "부자연스런 독점"을 금지하기 위한 것이 아니라면 절대 개입해선 안 된다는 것이다.

1970년대 말과 1980년대에 옛 정통 학설의 성공적인 재기를 확인해 준 것은 시장이 언제나 수요와 공급을 완벽하게 결합시킨다는 가정의 재등장이었다. 이런 확신을 가장 강하게 표명한 것은 영국 보수당의 대처 계열과 옛 동구권, 제3세계에서 비슷한 사상을 수용한 사람들이었다. 한편, 한때 좌파에 속했던 많은 사람들이 그것을 고스란히 흉내 내기도 했다.

그러나 대처주의자들의 사상에는 감추려야 감출 수 없는 모순이 담겨 있었다. 그것은 그들이 제2의 반대학파인 이른바 '오스트리아 학파'에게서 적지 않은 영향을 받았기 때문이다. 이 학파에서 가장 유명한 인물은 프리드리히 하이에크였다. 그는 국가의 개입이 '전제정'을 낳고 시장의 '동학'을 위협한다는 이유로 케인스주의와 국가 개입에 시종일관 반대했다. 그렇지만 그는 신고전주의 한계효용학파의 도식도 받아들이지 않았으며, 그들이 위기를 부정한 것에도 동의하지 않았다. 그는 체제가 불가피하게 파괴적인 부침을 겪기 쉬울 거라고 인정하면서, '균형'을 "다소 공교로운 상태"라고 지적했다.

하이에크는 시장이 종종 사람들이 원하는 정반대의 것을 생산한다는 점도 인정했다. "경쟁은 그 결과를 예측할 수 없는 한에서만 유효하며, 누군가 고의적으로 겨냥한 것이나 겨냥했을 법한 결과와는 대체로 맞지 않는다." "시장이 만들어 낸 자율적인 질서가 있다고 해서, 반드시 가장 중요한 필요가 덜 중요한 필요보다 항상 먼저 충족되는 것은 아니다."

하이에크의 가장 솔직한 주장은, 시장이 수요와 공급의 순조로운 균형으로 나아가기보다는 자신의 동료인 '오스트리아 학파'의 조지프 슘페터가 "창조적 파괴"라고 부른 과정을 거쳐 결국 경제적 균형이 아닌 경제적 '질서'로 귀결된다는 것이었다.

그렇지만 그래프의 뒤꽁무니를 쫓아다니는 정치가들이나 개종자를 찾는 관념론자들에게는 이런 학설이 구미에는 맞지 않았다. 결국 "창조적 파괴"는 수백만 명의 생계 ─ 때로는 목숨까지도 ─ 에 대한 파괴이기 때문이다. 그러므로 오늘날 흔히 하이에크 것으로 설교되는 사상은 "창조적 파괴"의 개념 대신 '신고전학파'의 순조로운 균형 개념이 들어선 잡종에 불과하다.

그들은 우리에게 무조건 시장을 덥석 부둥켜안기만 하면 당장에 번영이 뒤따를 거라는 그림을 선사한다:

1980년대 말 스탈린주의 경제가 위기의 심연으로 빠져들기 시작한 뒤로 옛 동구권 사람들이 약속 받았던 미래도 바로 이런 그림이었다. 그들은 1950년대와 1960년대에 서독이 경험했다는 그런 '경제 기적'을 시장이 가져다 줄 거라는 ─ 그것도 '400~500일' 안에 ─ 말을 듣곤 했다.

국제통화기금IMF은 제3세계 60~70개 국가들에게 '구조조정계획'과 더불어 똑같은 메시지를 퍼뜨렸다. 1992년 총선에서 영국 보수당이 주로 내세웠던 메시지도 이와 다를 바 없었다. 보수당은 자신들이 더 광범한 시장확대 프로그램을 가지고 재집권하기만 하면 경제가 회복되기 시작할 거라고 약속했다.

어느 경우에나 뒤따른 현실은 균형이 아니라 파괴였다. 동유럽 국가들의 경우에는 역사상 유례없는 지독한 불황으로 산업의

20~40퍼센트가 쑥대밭이 돼 버렸다. 아프리카 국가들에서는 사람들의 생활수준이 엄청나게 추락한 결과, 20년 전만 해도 모든 사람들을 먹여 살릴 수 있었던 대륙이 이제는 굶주려 뼈만 앙상한 수백만 명의 수용소로 전락했다. 그리고 영국에서는 1930년대 이래 최악의 불황으로 이어졌다.

위기는 어떻게 일어나는가

대개 호황기에는 소위 시장의 신통력에 대한 열광이 극에 달한다. 이윤이 증대됨에 따라, 자본가들은 더욱 많은 재화를 생산하기 위해 일제히 달려들어 각축전을 벌인다. 대부호들이 통제하는 재산의 일부가 그들 바로 아래 단계 사람들의 손에 흘러 들어가기도 한다. 건축 청부업자들은 새로운 창고와 공장과 사무실을 세워 이익을 벌어들인다. 광고대행사에는 광고 제작 주문이 줄을 잇고, 부동산 거래 속도가 점점 빨라지면서 부동산 중개업이 성황을 이룬다. 중간계급 전체는 하나같이 자신들이 사업에 뛰어들기만 하면 돈이 굴러들어 올 거라고 느끼게 된다.

이런 모든 집단들은 직접 더 많은 재화를 사들이는 동시에, 샴페인과 캐비아에서 포르쉐와 최고급 아파트에 이르기까지 사치품의 수요를 더욱 증가시킨다. 그들은 노동자 대중의 노동력에 대한 수요도 증가시킨다. 건물 부지와 자동차 전시장, 부동산 중개소와 여행사, 은행과 금융회사 등에 더 많은 일자리가 생기고, TV 광고를 따내거나 광고지를 찍어내는 데에도 일손이 필요하기 때문이다. 이렇게 신규 고용된 노동자들이 또 예전에는 살 수 없었던 물건들을 구매할 수 있게 된다. 그리고 이것은 역으로 자동차나 섬유공장 노동자들에서 패스트푸드 대리점이나 DIY상점['당신도 기술자do-it-yourself', 집안 수리와 페인트칠 같은 작업을 손수 하는데 필요한 제품만을 전문적으로 파는 상점. 영국에서는 이런 '손수 하기'가 꽤 일반화돼 있다 — 옮긴이]의 노동자들에 이르기까지 그 밖에 모든 분야의 노동자들이 생산한 물건의 수요를 증가시킨다.

마침내 실업률이 — 비록 예전만큼 낮아지지는 않더라도 — 떨어진다. 고용주들은 고급 숙련노동자들을 고용하려고 결사적이 된 나머지, 서로 앞을 다투어 그들에게 더 나은 조건을 제시하면서 임금을 약간 인상한다. 잉여노동자의 위협에 대해 조금 안심한 다른 노동자들은 대중매체에서 들려오는 '번영'에 대해 자신들의 몫을 요구하며 임금 인상을 요구하기 시작한다. 때로는 고용주들도 이런 요구를 들어줘야 한다고 느끼게 된다.

그러나 사회 밑바닥에 있는 다수 대중의 처지는 여전히 실질적으로 나아진 바가 없다. 임금이 인상된 노동자들도 그것으로는 치솟는 물가를 당해낼 수 없음을 깨닫는다. 그러나 사태의 본질을 꿰뚫어보지 못하는 사람들의 눈에는 시장이 곧 번영이라는 주장이 잠깐이나마 진실인 것처럼 보인다.

호황을 불황으로 뒤바꾸는 모든 요인들 — 치솟는 물가, 갈수록 심각해지는 투자 자금 부족, 일부 숙련노동자들의 임금 인상 투쟁 ― 은 이미 호황의 절정기에 자라나고 있다. 그렇지만 호황의 광란적 성격 때문에 드러나지는 않는다. 오히려 그런 요인들이 이윤을 얼마쯤 가로채 가기 시작할 때에도, 투기의 증가와 더 많은 이윤을 움켜쥐려는 광적인 경쟁으로 나아갈 수 있다. 이윤 획득의 기회가 무궁무진하다고 믿는 자본가들은 이 부문에서 저 부문으로 돈을 부리나케 돌린다. 더 높은 값에 팔 수 있을 거라는 가정 하에 원료를 사들이거나, 임대료가 계속 오를 거라는 기대 속에 대형 건물에 융자를 하고, 최신 광고의 도박에 매달려 보기도 하며, 주가株價가 절대 떨어지지 않을 거라는 생각에 어마어마한 돈을 주식거래에 쏟아 붓기도 한다. 심지어 노동자들까지도 투기의 난장판에 이끌려 들어가서, 집값이 오를 거라고 믿고 집을 사려고 눈알을 뽑아바쳐서라도 돈을 빌리려 들 수 있다.

이런 일확천금식의 분위기에서는 별의별 사기꾼들과 협잡꾼들이 다 활개를 친다. 신속한 이윤이 보증되는 사업을 팔러 다니는 소규모 사기꾼들은 아무리 불명예스런 사업이라도 파리 날리는 법이 없다. 그리고 거물급 자본가들은 물주들을 속여 주식 공개 매입에 돈을 대게 만들어서 몸집을 더 키울 기회를 손쉽게 포착한다.

이렇게 상류계급의 머리 위로 돈이 비 오듯 쏟아지는 것 같은 번쩍이는 분위기에서는, 이익을 갈퀴로 긁어모으는 현란한 사업과 작업장에서 노동력을 착취하는 칙칙한 사업간의 연계가 사라져 버린 것처럼 보인다. 예를 들어 1980년대 말 영국에서 머독 가家와 맥스웰 가, 한슨 그룹과 라이히만 브라더스 그룹이 최정상에 군림했을 때처럼 말이다.

가장 최근의 자본주의 호황이 아주 막강한 위세를 떨친 결과, 과거에 체제에 반대했던 사람들 가운데 일부까지도 체제로 포섭되기에 이르렀다. 마르크스주의는 모든 면에서 부적합 판정을 받았으며, 심지어 스스로 〈마르크시즘 투데이〉라고 이름 붙인 잡지까지도 상위 중간계급의 값비싼 유행이나 보수당 정부 각료들과 어울리는 즐거움에 골몰해 있었다. 우리는 포스트 마르크스주의의 세계 — 탈脫산업화, 탈대량생산, 탈위기, 탈근대의 세계 — 에 살고 있다는 말을 들었다.

바로 그때, ‘포스트 마르크스주의자’가 아닌 사람들은 당연히 예견할 수 있었던 바대로, 위기가 들이닥쳤다. 1980년대의 위대한 이름들 — B&C, 콜로롤, 카나리와프, 해비타트, 맥스웰, 마침내 포스트 마르크스주의적인 〈마르크시즘 투데이〉까지 — 은 하나둘씩 쓰러졌다.

대중매체의 어조가 갑자기 달라졌다. 일류 신문의 사업란을 이용해서 호황을 달구었던 사람들이 이제는 돌연 체제가 ‘벼랑 끝에’ 몰려 있으며, 끝을 알 수 없는 채로 침몰하고 있다고 발표했다.

이것은 호황이 불황으로 돌아설 때마다 늘 생기는 일이었다. 예를 들어, 1880년대 미국의 철강왕 앤드류 카네기도 다음과 같은 글을 쓸 수 있었다.

제조업자들은 …… 상황이 달라지리라는 희망도 없이 …… 수년
동안 모은 저축이 점차 줄어드는 것을 지켜보고 있다. 이렇게 마
련된 토양에서 구원을 약속하는 것은 무엇이나 기꺼이 환영받는
다. 제조업자들은 수년 동안 의사란 의사를 모조리 다 만나도 허
사였던 환자의 처지나 다름없다.……

이런 상태는 1930년대 초에 다시 되풀이됐다. 당시 독일과 미국
은 거의 절망으로 뒤덮인 상태였다.

앞서 시장 체제의 놀라운 효험을 인정했던 경제학자들과 언론
인들은 불황의 발생 원인에 대해 별의별 괴상하고 신비주의적인
해석까지도 신봉하게 된다. 19세기 '한계효용이론 경제학'의 시조
가운데 하나인 제번스는 태양의 흑점이 날씨에 영향을 준다고 주
장하면서 불황의 책임을 태양의 흑점 탓으로 돌렸다. 1973~1975
년의 위기 때는 느닷없이 세계의 석유가 고갈되고 있다거나 새로
운 빙하기에 직면해 있다고 주장하는 이론들이 유행하기도 했다.
1990년대 초의 위기는 한층 더 괴상한 결론으로 나아가고 있다. 윌
리엄 휴스턴의 주장을 예로 들 수 있는데, 〈파이낸셜 타임즈〉에 따
르면 그는 "세계에서 가장 존경받는 경기순환 분석가 가운데 한
명"이라고 한다. 그는 '우주의 순환' — 예컨대, 지구에 대한 목성
과 토성의 상대적 위치 — 이 곧바로 경제적 재앙을 불러올 수 있다
고 생각한다. 한편, 케임브리지 대학교의 의학교수인 로이 칸 경은
선진 공업국들의 인구가 너무 많아서 "완전고용을 유지하지" 못한

다며, 이것의 유일한 해결책은 "자녀를 제대로 키울 만한 충분한 재력과 성숙도"를 입증해 보일 수 있는 25세 이상의 사람들에게만 출산을 한정하는 것이라고 믿고 있다.

불황기에 악화하는 상황을 둘러싼 설명 가운데, 그런 황당무계한 주장 외에 일말의 진실을 담고 있는 이야기도 간혹 있다. 그런 해석 가운데 가장 일반적인 것은 모든 것을 투기와 투기꾼들 탓으로 돌리는 태도다. 자본주의에서 이 측면만 없앨 수 있다면, 불황이 생길 필요가 없다는 게 이들의 주장이다.

확실히 투기가 한몫을 하긴 한다. 투기 덕분에 몇몇 자본가들은 실질적인 부富 창출의 과정을 무시하면서도 부자가 될 수 있다. 투기꾼들은 호황기마다 물가 상승을 조장하기 위해 돈을 빌리고, 또 돈을 빌리기 위해 물가 상승을 조장함으로써 돈을 엄청 벌어들인다. 그 결과 빚을 갚지 못하는 상황이 늘어나서, 마침내 불황이 닥쳤을 때 '파급효과'가 대단히 심해지는 것이다. 또한 투기는 하루에 수십억이나 수조에 달하는 달러화와 엔화를 다른 나라로 흘려보냄으로써, 국민경제에서 벌어지는 모든 일을 통제하려고 애쓰는 자본가 정부를 더욱 곤경에 빠뜨리기도 한다.

그렇지만 투기와 투기꾼들은 호황-불황 순환의 진짜 원인이 아니다. 진짜 원인은 자본주의 생산구조, 즉 이윤을 둘러싼 개별 자본가들 사이에서 벌어지는 경쟁이다. 투기와 투기꾼들은 어차피 일어나게 될 호황과 불황을 더 심화시킬 뿐이다. 그들은 체제를 위기로 이끄는 왕王기생충이라기보다는 다른 기생충들을 먹어 치우는 기생충에 가깝다.

　일부 정치가들과 주류 해설자들은 투기꾼만 제거되면, 만사형통일 거라고 주장한다. 현 자본주의 체제를 약간만 수정하고 싶어 하는 사람들도 종종 이런 주장을 내세워 왔다. 예를 들어, 1964년 영국 노동당 정부의 총리였던 해럴드 윌슨은 그에게 선거공약을 포기하도록 강요한 게 "금융가의 큰손들the gnomes of Zurich"이라고 주장했는데, 실상은 영국 대기업의 주요 집단에서 압력을 넣었기 때문이었다. 현재 윌 허턴 같은 경제 저술가들은 위기에 대한 책임의 대부분을 런던시 금융기관의 '근시안적 태도short terminise' 탓으로 돌리면서, 사실상 대자본가들의 구실을 모르는 체하고 있다. 그리고 극우측에서는 파시스트들과 나치 당원들이 대중의 분노를 거대 산업자본가들에게서 딴 데로 돌리는 손쉬운 방법으로 언제나 '금융가들' ― 이들이 '이방인'이라거나 '세계주의자', '유대인'이라고 주장하면서 ― 을 목청 높여 타박했다. 사실, 산업자본가들과 금융자본가들은 완전히 서로 다른 두 집단이 아니다. 산업자본가들은 투기를 통해 이윤을 부풀리려고 ― 가령, 외국 주식시장에 돈을 건다든지 해서 ― 언제나 호시탐탐 기회를 노리고 있고, 동시에 금융자본가들은 종종 산업체를 매점해서 자기 재산을 늘리려 한다.

　궁극적인 도착점은 하나다. 사람들은 때때로 불황을 자본주의 체제의 '붕괴'와 혼동하거나 적어도 불황에서 회복할 길은 없다고 주장한다.

　그렇지만 최악의 불황기라 해도 자본가들이 모조리 다 파산하는 것은 아니다. 다른 사람들의 빈곤을 이용해 이득을 남길 방법 ─ 전당포를 개업하거나, 유통기한이 지난 불량식품을 팔러 다니고, 기업 청산인으로 변신하거나, 가난한 사람들에게서 부자들을 보호해 주는 경비 산업체를 운영하는 등 ─ 을 찾아내는 사람들이 언제나 있게 마련이다. 따라서 성공적인 노동자 투쟁이 자본주의를 밀어내고 더 나은 사회형태를 세우지 않는다면, 이 체제는 아무리 지독한 파괴 속에서도 살아남을 수 있다.

이것은, 비록 체제의 지지자들이 주장하듯이 그렇게 위기가 자동으로 순조롭게 끝나지는 않더라도 결국에는 일부 자본가들이 투자를 재개할 만큼 이윤을 확신하는 순간이 다시 찾아온다는 것을 의미한다. 사실상, 불황 자체로 말미암아 일부 자본가들은 파산한 기업의 원료와 기계를 몽땅 싸게 사들여서 수익성과 산출을 증가시킬 수 있다. 불황은 대개 노동비용을 내리누르는 압력이 작용한다. 노동자들이 일자리를 잃을까 겁이나 더 나쁜 보수와 노동조건을 그냥 받아들이기 때문이다. 게다가 일단 불황이 한동안 계속되고 나면, 이자율이 대체로 더는 높아지지 않고 서서히 떨어지면서 자본가들이 더 손쉽게 돈을 빌릴 수 있게 된다.

그래서 몇 달이나 때로는 몇 년의 기간이 지나고 나면 생산이 어느 정도 되살아나는 ─ 노동자들의 고용도 조금 늘어난다 ─ 것이다. 그렇게 되면, 다른 기업들의 시장도 확대돼 그들 자체도 생산을 증가시키고 노동자들을 더 많이 고용하거나 할 수 있다. 내리막 길을 치닫던 불황의 악순환은 이제 새로운 불황이 일어날 때까지

오름세를 보이는 '회복'의 '선善' 순환에게 자리를 내준다. 그와 더불어 자본가계급과 그들의 지적 옹호자들 사이에는 새로이 덧없는 초超낙관론이 한바탕 발작을 일으킨다. 다시 한 번 '기적' 운운하는 얘기가 들려오지만, 바로 그 순간 모든 요인들이 한데 모여 또 한 번의 파괴적인 불황을 준비하고 있다.

3장

사태는 점점 악화되고

생산과 상품더 악화되는 위기

착취의 증대

심각한, 너무나 심각한

체제는 어떻게 유지되는가

더 악화되는 위기

마르크스가 글을 썼던 19세기의 경제 통계자료를 보면, 불황 — 호황 — 불황 — 호황의 패턴이 분명하게 확인된다. 실업률이 노동 인구의 2퍼센트까지 떨어지는 급속한 생산 증가 시기와 실업률이 10퍼센트까지 뛰어오르는 생산 감소 시기가 번갈아 반복되고 있었다. 그런 교차 현상은 마치 달의 순환이나 성서에 나오는 '일곱 해의 풍년과 일곱 해의 흉년'의 반복처럼 규칙적이고 자연스런 리듬을 타는 듯했다. 그러나 몇 차례의 주기에 걸쳐 불황은 더욱 깊어지고 길어지는 반면, 호황은 더욱 얕아지고 짧아지는 장기적인 경향이 또한 존재했다.

그래서 1870년대 말과 1880년대 — 카네기의 논평이 나온 시기 — 는 종종 '대공황'이라고 일컬어졌는데, 이것은 국제적으로 자본주의 경제가 일찍이 없던 심각한 곤경에 처했음을 뜻했다. 약 50년 뒤인 1930년대 역시 실업 수준이 훨씬 더 높긴 했지만 마찬가지로 '대공황'이라 일컬어졌다.

이렇게 자본주의의 위기가 더욱 악화되는 현상은 어떻게 설명할 수 있을까?

데이비드 리카도 같은 몇몇 초기 친지본주의 경제학자들은 시간이 흐르면서 이윤율이 하락해 가는 것을 알아차렸다. 그들이 글을 쓰는 당시에는 이윤율이 그 20~30년 전보다 훨씬 더 낮아져 있었다. 그리고 이런 이윤율의 하락이 불황의 심화를 해명해 줄 수 있었다. 평균이윤율이 낮아질수록 매번 경기침체 이후에 산업이 회복되는 데 더 오랜 시간이 걸렸기 때문이었다. 그렇지만 이윤율의 하락 자체는 뭐라고 설명할 수 있었을까?

리카도는 농업에서 발견되는 현상 — '수확체감의 법칙law of diminishing returns' — 을 이용해 이것을 설명했다. 일정한 시점이 지나면 땅의 수확량이 한계에 다다르기 때문에, 경작지의 농산물 수확이 파종하는 양이나 관개灌漑에 투입된 노력만큼 비례해서 증가하지 못한다는 것이다. '신고전학파' 경제학에서는 아직까지도 이 이론을 가르치고 있다. 그러나 이 이론의 문제점은 이것을 공업 생산에 그대로 적용해야 할 뚜렷한 근거가 없다는 점이다. 제품을 생산할 때에는 종종 단기간 생산보다 장기간의 생산이 비교적 더 싸게 먹히곤 한다. 그렇다면 이윤율이 하락할 이유가 없어진다.

결과적으로, 위기 심화와 실업률 증가는 현대 자본주의 경제학자들에게 풀리지 않는 신비인 셈이다. 그들 가운데 한 사람인 런던 대학교 경제학부의 앤드류 오스왈드가 말한 대로,

서방 세계를 관통하는 실업률 증가는 도저히 막을 길이 없어 보인

다. …… 솔직히 털어놓자면, 경제학자들도 실업률이 계속 오르는 이유를 모르는 실정이다.

그러나 마르크스는 이윤율이 왜 하락하는지 ― 따라서 왜 장기적으로 불황이 심화되며 실업 수준이 높아지는지 아울러 ― 설명을 했다.

마르크스는 그것이 자본주의 축적의 타고난 본성이라고 이야기했다. 자본가는 각기 저마다 다른 모든 자본가들과 경쟁한다. 이 경쟁에서 살아남을 수 있는 유일한 방법은 한층 더 많은 양의 '죽은 노동'이 들어간 최신 기계를 도입하는 것이다.

자본가들은 저마다 노동절약형 설비를 가능한 많이 들여오지 않으면 안 된다. 그런 까닭에 설비투자가 노동력보다 더 빠르게 증가하는 것이다.

오늘날 사실상 한 기업의 투자를 보더라도 이 점을 확인할 수 있다. 여기에는 '합리화' ― 각 업무에 필요한 노동자 수를 줄임으로써 ― 가 그림자처럼 따라다닌다. 그렇다고 해서 총노동 인원이 항상 줄기만 하는 것은 아니다. 때로는 대규모 산출 증가로 총노동자 수가 늘어날 수도 있다. 그렇지만 그것도 총산출량 증가나 총투자 확대에는 미치지 못한다.

노동에 대한 자본 투자의 비율(마르크스는 이것을 두고 "자본의 유기적 구성"이라 불렀다)은 높아지는 경향이 있다.

지난 사반세기에 걸쳐, 이런 현상을 보여 주는 경험적 연구가 많이 진행됐다. 미국 경제학자 N M 베일리는 1981년 유명한 ≪장부 연구 논문≫에서, 미국 제조업계에서 노동에 대한 자본의 비율이 1957~1968년에는 1.43이었는데 1972~1975년에는 2.24였다고 밝혀냈다. 한편 옥스퍼드 대학교의 통계학자인 콜린 클라크는 영국에서 산출량에 대한 자본의 비율이 1959~1962년의 1.78에서 1972~1975년에는 2.19로 높아졌다고 실명했다. 1977년에 〈파이낸셜 타임즈〉 고정 기고가인 사무엘 브리턴은 몹시 당황스러워 하며 다음과 같이 이야기했다.

선진국들의 제조업에서는 …… 자본 단위당 산출량이 장기간에 걸쳐 근본적으로 하락해 왔다. …… 어느 한 나라의 경우라면 적당히 그럴싸한 얘기를 둘러댈 수 있겠지만, 선진국 세계 전체에 대해서는 그럴 수가 없다.

로이드 은행 ≪이코노믹 리뷰≫(1989년 6월호)의 한 논설에서는 어떻게 "현대 선진국들 다수와 마찬가지로 영국에서도 자본이 증가하는 반면, 노동인구는 고정되는 추세인지 ……" 보고하고 있다.

노동에 대한 자본 투자의 비율이 증가하는 것은 한 개별 기업의 문제가 아니다. 더 싸게 생산해서 남들보다 더 싸게 팔기 위해 경쟁사들보다 더 신속하게 노동절약형 설비를 사들이는 것은 모든 기업의 주요 관심사다. 따라서 개별 기업은 항상 최소 노동을 사용하는 최신형 기계를 손에 넣으려 할 것이다. 그렇게 되면 경쟁사들의 시장을 가로채 와서 그들을 제물 삼아 이윤을 늘릴 수 있다고 생각하기 때문이다.

그러나 이것은 자본주의 전체로 보면 골치 아픈 문제가 될 수 있다. 모든 기업들이 노동절약형 설비를 도입하려 한다면, 노동에 대한 자본 투자의 비율이 체제 전체에 걸쳐 엄청나게 커질 테니 말이다.

앞서 봤듯이, 가치를 창출하는 것은 기계가 아니라 노동이다. 기계가 노동보다 더 빨리 증가하면, 투자가 가치보다 더 빨리 증가하게 된다. 또한 고용주들에게 잉여가치로 돌아가는 가치의 비율이 고정돼 있으면, 투자는 잉여가치보다 더 빨리 증가하게 된다. 즉, 일상적인 말로 얘기해서 투자가 이윤보다 훨씬 더 빨리 커지는 것이다.

그런데 이렇게 되면, 이윤율 — 투자에 대한 이윤의 비율 — 이 하락할 수밖에 없다.

다시 말해서, 자본가들이 축적에서 더 큰 성공을 거둘수록 체제 전체로서는 이윤율 하락의 압력이 더욱 커진다.

개별 자본가에게 이로운 것이 어떻게 자본주의 체제 전체에는 해로운지를 이해하는 것이 이 논의의 핵심임을 기억해야 한다. 개별 자본가가 설비투자를 하는 것은, 노동절약형인 더 고급 기술을 보유하면 경쟁자들을 물리치고 그들의 이윤을 가로챌 수 있기 때문이다. 그렇지만 모든 자본가들이 이렇게 하면 전체 이윤율이 하락해서 결국 그들 모두 뒤통수를 두들겨 맞게 된다. 또한 이것은 거꾸로 각자에게 더 강한 경쟁의 압력을 가해서, 노동절약형 기술에 더 한층 투자하게 부추기고 체제 전체의 이윤율을 더 한층 끌어내 릴 것이다.

어떤 경제학자들은 이윤율 저하에 대한 마르크스의 견해가 틀렸 다고 주장한다. 그 이유는 이윤을 감소시키면서까지 계속 투자할 자본가는 없다는 것이다. 이것은 일본 경제학자 오키시오가 펼친 주장으로서, 1970년대와 1980년대에 이안 스티드먼 같은 좌파 마 르크스주의 비평가들 상당수가 이 이론을 받아들였다. 그러나 이 것은 그릇된 주장이다. 왜냐하면 개별 자본가가 자신의 이윤을 늘 리기 위한 행동을 함으로써 동시에 자신도 모르는 사이에 체제 전 체의 수익성을 깎아 내릴 수 있다는 사실을 보지 못하기 때문이다.

오키시오와 스티드먼의 주장을 수용했던 사회주의자들은 결국 1970년대와 1980년대에 아주 황당한 주장으로 돌아서서, 본래부터 내재적인 이윤율 하향 압력이란 없으므로 불황이 더 다루기 힘들 어질 이유도 없다고까지 얘기하기에 이르렀다. 그렇지만 이 당시 에 이윤율은 실제로 앞선 수십 년 동안의 수준 이하로 떨어졌고, 세 계적으로 체제를 뒤흔든 거대한 위기가 세 차례나 닥쳤다.

착취의 증대

중력의 법칙이 작용한다고 해서 어떤 물체(항공기나 로케트)가 위로 못 올라가는 게 아니듯이, 이윤율 저하 경향이 있다고 해서 이윤율이 항상 떨어지기만 하지는 않는다. 그보다는 이 경향이 이윤을 내리누르는 압력으로 작용하지만 자본가들은 반작용을 미치는 방식을 추구한다.

자본가들이 그런 이윤 하락 압력에 대응하는 가장 확실한 방법은 노동자들을 더 적은 보수로 더 장시간 더 고되게 일하게 만드는 것이다. 마르크스는 이것을 두고 자본가들이 '착취율'을 높이려 애쓰는 것이라고 설명했다. 그는 착취율을 높이는 데 세 가지 방법이 있다고 이야기했다.

1) '절대적 잉여가치'

첫째로, 자본가는 연장된 시간만큼 보수를 올려 주지 않고서 노동자들을 더 장시간 부려 먹을 수 있다. 그 결과 노동자가 자본가에게 제공하는 '잉여' 노동시간이 '절대적으로' ─ 그래서 마르크스는 이것을 '절대적 잉여가치'의 증가라고 불렀다 ─ 증가한다.

산업자본주의 초기에는 이런 식으로 이윤을 강제로 늘리는 방법이 상당히 일반적이어서 마르크스는 ≪자본론≫에서 그 예를 많이 들고 있다. 그러나 20세기에 들어서는 그런 방법이 과거 속으로 사라져 버린 듯했다. 최소한 선진 공업국들에서는 노동자들의 저항으로 자본가들이 주당 노동시간 단축과 유급 휴일을 허용하지 않을 수 없었다. 빅토리아 시대에는 주당 72시간 노동이었던 것이 48시간 노동으로 바뀌었다가 다시 44시간 노동으로 단축됐다.

1930년대 초 경제 위기 당시에는 미국 의회에서 심지어 노동시간을 주당 30시간으로 줄이자는 의안에 찬성표가 나오기도 했다. 비록 대기업의 반대로 이 의안이 무산되긴 했지만, 앞으로 노동자들이 훨씬 더 많은 여가를 누릴 때가 오리라는 교훈을 남겼다.

미국 노동시간에 관한 한 연구에서 허니컷이 얘기한 대로, 다음과 같은 예측은 믿을 만했다.

지난 100년간 그래왔듯이 노동시간은 계속 줄어들 것이다. 그것도 이번 세기가 끝나기 전에, 보통 노동자 한 사람에게 요구되는 시간이 1년에 660시간 미만으로 — 일주일에 14시간 미만으로 — 내려갈 것이다.

그러나 "실제로는 한 세기 동안 이어진 [노동시간 단축 — 하먼] 운동이 1933년에 고비를 맞은 뒤, 갑자기 사태가 역전돼 십 년 동안은 노동시간이 더 연장됐다."

1940년대 미국인의 노동시간은 더 한층 높은 수준을 유지했다. 그런데도 1973년 이후 다시 경제 위기가 재발하자, 거기서 더 연장됐다. 허니컷도 말한 바 있듯이,

여론조사 기관 루이스 해리스에서는 지난 15년간 미국의 주당 평균 노동시간에 관해 일련의 여론조사를 실시했다. 그 결과, 주당 평균 노동시간이 1973년의 40.6시간에서 1985년에는 48.4시간으

로 20퍼센트 증가했음이 밝혀졌다.

영국의 현재 주당 평균 노동시간은 잔업을 포함해서 평균 남성 노동자의 경우 일주일에 45.1시간으로, 1983년보다 한 시간이 더 길다. 일본의 경우, 1970년대 중반까지 연간 평균 노동시간이 감소했지만 그 뒤로는 고정됐다. 서유럽 대륙에서는 노동시간의 감소 추세가 1990년대 불경기가 시작될 때까지 계속됐다. 그러나 그때 이래로 고용주들이 노동시간의 감소 때문에 유럽 기업들이 일본이나 미국의 기업들에 비해 경쟁력이 약하다고 주장하면서, 그런 추세를 뒤엎으려고 부단히 압력을 넣고 있다. 고용주들이 주당 35시간 노동제 도입 약속을 배신하지 못하게 막는 데에는 독일 금속노조의 파업 투쟁이 필요했다.

2) '상대적 잉여가치'

둘째로, 자본가들은 노동자들에게 더 열심히 일하도록 압력을 넣을 수 있다. 19세기 중반에 자본가들이 더는 노동시간을 늘릴 수 없음을 깨닫고 노동자들에게 "주어진 시간 안에 더 많은 노동을 투여하고, 노동강도를 더 높이며, 노동일 내의 짬시간까지 빈틈없이 메우도록 ……" 강요하기 시작했다고 마르크스는 지적했다.

대대적인 생산성 증대 운동이 대기업들의 강박관념이 됐다는 것은 1890년대 미국인 테일러가 확립한 '과학적 관리' 운동을 통해서도 엿볼 수 있다. 테일러는 노동자들이 성취할 수 있는 최대치를 측정하기 위해, 기업 내 모든 업무를 개개의 구성요소로 나누어 속도를 잴 수 있다고 생각했다. 이렇게 하면, 작업 속도의 중단이 모두 제거될 수 있고 하루에 자그마치 200퍼센트까지 작업량을 늘릴 수 있다고 그는 주장했다.

테일러주의는 헨리 포드의 자동차 공장 조립라인 도입으로 절정에 이르렀다. 이제는 사람들의 작업 속도가 그들의 독자적인 동기부여보다는 작업 라인이 돌아가는 속도에 따라 좌우됐다. 다른 기업체들도, 예컨대 작업 달성 수준을 표시하는 자동계측기 같은 것으로 감독해 감시를 강화함으로써 사람들이 줄곧 최고 속도로 일하게 압력을 가하는 데 성공했다. 오늘날에는 할당제 사용 증가, 성과급제 실시, 컴퓨터 타자수 사용 등으로 여러 사무직종에서도 비슷한 방법을 써먹으려 하고 있다.

작업 강도 증가는 자본가들에게 세 가지 이점을 안겨 준다.

첫 번째로, 노동자들의 노동강도를 늘린 자본가는 같은 시간 안에 경쟁자들보다 더 많은 양을 생산할 수 있게 되어, 시장에서 그들보다 싼값에 물건을 팔 수 있다. 그러나 일단 다른 자본가들이 그를 좇아서 자기네 노동자들의 생산성을 증대시키고 나면, 그의 이점은 사라진다. 바로 이런 이유 때문에 생산성 증대 운동이 끝없이 계속되는 것이다. 또한 생산성 증대가 일자리를 보호할 것 ─ 실제로는 서로 다른 기업의 노동자들을 상대편보다 더 열심히 일하게끔 쓸데없는 경쟁의 쳇바퀴에 옭아매기만 할 따름이다 ─ 이라는 자본가들의 사탕발림에 노동자들이 절대 넘어가서는 안 되는 이유도 여기에 있다.

자본가들이 얻는 두 번째 이점은 더욱 영구적이다. 생산성이 증대되면 노동자들이 예전보다 더 짧은 시간 안에 자신들의 생계유지 비용에 맞먹는 가치를 생산할 수 있게 된다. 따라서 예컨대 일할 능력(그들의 노동력)의 재충전에 필요한 재화를 생산하는 데 4시간이 걸리는 것이 아니라 3시간이나 2시간이면 충분해진다. 그런데 만일 노동일이 똑같은 길이로 유지된다면, 노동일에서 자본가에게 돌아가는 잉여가치의 몫이 늘어날 수 있다.

설사 총노동일이 계속 고정돼 있더라도, 잉여가치는 노동에 비해 상대적으로 증가한다. 그런 까닭에 마르크스는 이것을 두고 "상대적 잉여가치"의 증대라고 말했다.

특히 급격한 기술 변화 시기에는 생산 강도 증가가 자본가들에게 세 번째 이점을 안겨 준다. 생산 강도가 증가하면, 자본가들은 자신의 기계가 구식이 되기 전에 그 기계로 더 많은 작업량을 뽑아낼 수 있다. 노동강도 증가와 더불어 교대제와 탄력적 근로시간제를 곁들이면, 자본가들은 특히 더 많은 이익을 챙길 수 있다. 그렇게 되면, 일주일 내내 하루 온종일 기계를 돌릴 수 있기 때문이다.

경우에 따라서는 생산성 증대와 노동일 단축을 선뜻 맞바꿀 정도로, 자본가들에게는 노동강도 증가가 사활적이다. 마르크스는 다음과 같은 사실에 주목했다.

이따금 한 번씩이 아니라 매일매일 일관성 있게 노동을 반복하는 경우에는, 필연적으로 노동일의 연장과 노동강도가 상호 배타적인 시점에 다다른다. 즉, 노동일을 연장하려면 반드시 노동강도를 낮추어야 하고, 노동강도를 강화하려면 노동일을 단축해야 하는 식이 된다.

테일러는 자본가 편에서 이것을 분명하게 인식했다. 작업 강도를 높이려는 그의 계획안 가운데 하나가 제품 점검을 하는 한 여성 노동자 집단에 적용됐다. 그들은 하루 10시간 30분 동안 노동을 했는데, 테일러는 그들이 그 가운데 일부를 잡담하며 보낸다는 것을 알아차렸다. 그래서 노동일을 두 시간 단축하는 동시에 그들이 서로 얘기를 나누지 못하도록 의자를 더 멀리 떼어 놓았다. 이런 조치는 그들을 몹시 더 피로하게 만들어서 작업에 대한 주의력을 떨어뜨리긴 했지만, 한편으로는 생산량을 엄청나게 증가시켰다. 그러자 테일러는 이번에는 그들이 주변을 잠시 걸으며 서로 얘기할 수 있게 휴식 시간을 10분간 네 차례 제공함으로써 그들의 주의력을 회복시켰다.

이것과 어느 정도 비슷한 방식으로, 헨리 포드도 자기네 노동자들이 최고 속도로 작업하는 대신 '휴식 시간'이 몇 차례 정해져 있다고 애써 강조했다. 그리고 노동자들이 그 휴식 시간에 술을 마시거나 해서 작업 능력이 떨어지지 않게 감독한다고 애를 썼다.

오늘날에도 일부 기업들은 똑같은 태도를 고집하고 있다. 〈파이낸셜 타임즈〉 경영란에 실린 보고에 따르면, 일본에서는 "많은 기업들이 초과 근무시간을 금지해 왔다. …… 기계 제조업체인 오키 전자에서는 작업에 소요한 시간이 아닌 연구 성과로 연구자들을 평가할 것이라고 말했다." 계속해서 보고하기를, 영국에서도 "예컨대 고용인들이 휴가를 가지고 업무 외의 생활을 유지하지 않으면 효율적으로 업무를 수행하지 못하리라는 것을 많은 고용주들이 깨닫게" 되면서 "초과근무에 대한 우려"가 생겨났다고 한다.

사실상 요즘에는 이렇게 노동강도 증가를 대가로 노동일 단축을 양보하겠다는 것이 말로만 그칠 뿐 좀처럼 실행에 옮겨지지 않는다. 일본에서는 연간 노동시간이 10년 이상 2100시간에서 제자리걸음을 하고 있으며, 6명당 1명의 남성 노동자들이 3100시간 이상을 일하고 있다. 영국의 경영자들은 노동자들을 신규 고용하기보다는 기존의 노동자들을 더 장시간 일하도록 닦달하는 쪽을 여전히 선호한다. 그런 탓에 평균적인 생산직 노동자가 일주일에 평균 9시간의 잔업을 수행하고 있다. 한편, 그보다 더 높은 학력을 요구하는 부문의 사장들도 피고용인들에게 주당 노동시간을 더 연장하고 휴일을 단축하도록 강요하느라 갖은 애를 다 쓰고 있다. 독일에서는 고용주들이 주당 35시간 노동 협약에 딴죽을 걸려다가 노동자들에게 된통 당하고 나서는 일요일 노동의 수용을 밀어붙이려고 안간힘을 다하고 있다. 유럽 노동조합연구소의 라이너 호프만이 〈파이낸셜 타임즈〉에서 말한 대로, "유럽 고용주들의 주된 관심사는 경쟁력 제고를 위해 단위 노동비용을 최소치로 깎아 내리는 것이다." 이것은 더 많은 교대 근무와 더 많은 주말 근무를 도입하고 '연年 단위 노동시간제'를 더 많이 수용하게 함으로써 노동자들이 더욱 '유연한' 작업 패턴을 억지로 받아들이게 만든다는 뜻이다. 특히 '연年 단위 노동시간제'는 고용주에게 편리한 때에 언제든 노동자들에게 평상시보다 더 오래 일하도록 강요한다.

현재 노동시간이 단축되기는커녕 연장되는 추세가 다시 한 번 강세를 보이는 이유는 간단하다. 마르크스가 《자본론》에서 지적한 대로, 노동강도 증가가 이윤율 압박을 상쇄하는 데에는 한계가 있기 때문이다.

앞서 말했다시피, 체제 전체에 고용된 총노동력이 투자만큼 빨리 증가하지 않는 ― 실제로는 현저하게 감소하기 시작할 때도 있다 ― 까닭에 그런 압박이 가해진다. 그렇지만 노동자들을 아무리 열심히 일하라고 닦달한다 해도, 소규모 노동자 집단이 대규모 집단만큼 많은 잉여가치를 생산할 수는 없다.

이것은 간단한 예로도 확인할 수 있다. 하루 8시간 노동하는 노동자들이 100만 명 있는데, 그중 4시간 노동이면 고용주가 임금으로 지출하는 비용을 되갚기에 충분하다고 가정해 보자. 자본가계급은 그들에게서 하루에 400만 시간에 해당하는 잉여가치를 얻어 갈 것이다.

그런데 신기술이 생산성을 10배로 향상시킨 결과, 노동인구가 10만 명으로 감축된다면 어떻게 될까?

노동자들은 이제 4시간의 10분의 1 ― 24분 ― 만으로도 임금에 들어간 비용을 다 충당할 수 있다. 그리고 고용주들은 각각의 노동자들에게서 무려 7시간 36분에 달하는 잉여가치를 벌어들이게 된다. 그렇지만 전체 노동인구에서 창출된 총잉여가치는 증가하지 않는다. 사실상, 총잉여가치는 4×100만 = 400만 시간에서 10만×7시간 30분 = 76만 시간으로 줄어든다. 설사 노동자들에게 무진장 압력을 가해서 곱절로 열심히 일하게 만든다 해도, 각 사람의 잉여노동량은 노동자 한 사람당 12분 ─ 즉, 12분×10만은 다해서 2만 시간에 불과하다 ─ 이 더 보태질 따름이다.

따라서 자본가들은 마침내 노동자들의 생산성 증대를 통해 이윤율 저하를 상쇄하는 데에는 한계가 있음을 알아차린다. 그러면 다시 노동시간을 연장하는 쪽으로 강하게 유혹 받을 것이다. 결국 이 보기에서는 노동자들이 임금의 증가분 없이 1시간을 초과로 일할 때마다 10만 시간의 잉여가치 ─ 그들이 2배로 열심히 일했을 때의 다섯 배 ─ 가 추가된다.

물론 실제로는 자본가들이 노동자들에게 아무런 대가도 지불하지 않은 채 더 장시간 일하게 만들기는 어렵다. 그래서 그들은 보통 잔업 수당을 지불한다. 그러나 그들은 이것을 자신을 위해 지불하는 것으로 여기곤 한다. 왜냐하면 잔업이 넉넉해서 그 덕분에 간신히 빚지지 않고 살 수만 있다면, 많은 노동자들이 낮은 시간 수당을 그냥 감수하고 말기 때문이다.

3) '빈곤화Immiseration'

자본가들이 이윤 수준을 끌어올리는 세 번째 방법은 노골적인 임금 삭감 — 마르크스의 표현으로는 "노동자들의 절대적 빈곤화" — 이다. 마르크스가 이 문구를 사용했다는 이유로, 많은 사람들이 그의 경제 분석을 잘 알지도 못하면서 함부로 공격해 왔다. 마르크스의 분석에서는 자본주의에서 노동자들이 더 가난해질 수밖에 없다고 주장한다는 둥 하면서 말이다. 예컨대, 〈옵서버〉의 경제란 고정 기고가인 윌리엄 키건도 자기 책 ≪자본주의라는 유령≫에서 마르크스의 사상을 깔아뭉개면서 그런 이유를 내밀었다.

그러나 마르크스는 자본주의에서 임금이 항상 하락한다고 주장하지 않는다. 그는 19세기 중반 이후 20년 이상 영국에서 살면서, 그런 일이 분명히 일어나지 않는다는 것을 확인할 수 있었다. 또한 마르크스는 독일 사회주의 지도자 라살레의 '임금철칙설'에 명백히 반대했다. '임금철칙설'이야말로 임금이 절대 오를 수 없다고 주장했다. 대신에 마르크스는 자본가들이 산출량 가운데 임금으로 나가는 몫을 삭감함으로써 이윤율 저하 압력에 대응하려 할 것이라고 주장했다. 예전에 총산출량이 증가하고 있을 때는, 그런 와중에도 제한적이나마 노동자들의 생활수준이 향상될 수 있었다. 산출량에서 노동자들의 몫이 줄어들긴 했지만, 노동자들이 더 빈곤해지지는 않는 '상대적 빈곤화'가 가능했던 것이다.

실제로 자본가들은 임금을 조금 올려 주는 대가로 노동자들의 생산성을 증가시키려 애쓸 때가 많다. 그래서 1970년대와 1980년대 유럽의 주요 나라 노동자들은 경제 위기 동안에도 생활수준이 약간 향상됐다. 그러나 그들은 교대 근무 증가와 더 극심한 피로감과 가중된 스트레스를 대가로 치러야 했다.

그 결과, 1978년에 영국의 26세 남성을 대상으로 실시한 한 조사 보고에 따르면, 38퍼센트가 직장에서 극심한 정신적 긴장감에 시달린다고 응답했으며, 1982년의 조사에서는 반숙련·비숙련직에 근무하는 남성 19퍼센트와 여성 23퍼센트가 "감정적 긴장을 경험한" 것으로 밝혀졌다. 또한 1980년대의 한 연구 결과에 따르면, "기계에 속도를 맞추는" 노동자들의 경우 "근무가 없는 시간 동안 아드레날린 수치가 높은 수준으로 유지됐다. …… 노동자들은 하루 종일 일하고 나면 너무 녹초가 돼서 배우자나 자녀들과 대화하기도 힘들다고 이야기했다."

이런 상황은 더욱 악화되고 있는 듯하다. 스웨덴 노동조합의 조사에 따르면, 자기 직업의 "스트레스나 정신적 긴장도"가 높다고 느끼는 노동자들의 비율이 1970년의 9퍼센트에서 1980년에는 15퍼센트로 증가한 한편, "어느 정도" 스트레스를 준다고 응답한 수는 22퍼센트에서 37퍼센트로 증가했다. 대부분의 사람들이 "작업 속도가 점점 증가한다"고 토로했다. 스웨덴 사회조사연구소 Swedish Institute for Social Research는 "긴장된 작업 조건에 처한 사람들의 비율이 꾸준히 늘고 있음"을 확인했다. 일본의 조사에서는 작업량이 줄기는커녕 오히려 "자동 장치와 마이크로 전자공학 기술의 사용이 증가할수록 잔업이 늘고, 휴가가 감축되며, 공장에서 정신적 스트레스가 가중되고 있"는 것으로 드러났다. 그리고 영국의 심리학자 데이비드 루이스가 경영자들을 대상으로 실시한 최근 조사에 따르면, "회사의 임직원들이 점심시간을 20분으로 줄이면서 전에 없이 더 열심히 일함"에 따라 "사무직 노동자들은 대단히 많은 압력을 받고 있으며, 하루 12시간 노동에 밤중까지 일을 하는 일본식 작업 유형으로 바뀌고 있다."

어느 시점에 이르면 자본가들은 그저 산출량에서 노동자들의 몫을 내리누르는 것으로는 이윤을 충분히 끌어올릴 수 없다고 단념하고, 임금을 절대적으로 삭감하기 위한 정책을 추진하기 시작할 수 있다. 이것이 지난 20년 동안 미국에서 벌어진 일이다. 고용주들이 노동조합에게서 임금 인상을 비롯한 '양보 조치'들을 강제로 받아내고, 강성 노동조합이 있는 지역에서는 노동조합이 취약한 지역으로 공장을 이전하며 그 사이에 임금을 절반이나 깎아 내리는 '내빼기runaway shop' 전술을 사용하면서 평균임금이 계속 하락해 왔다.

지금 영국에서도 그런 과정을 재현하려는 시도가 자행되고 있다. '사회적 합의'라는 구실 아래 청소업이나 요식업, 공무원 등의 분야에 있는 노동자들에게 일자리를 잃지 않으려면 임금 삭감을 받아들이라고 강요하고 있다. 그런 조치가 더 먹혀들지 않으면, 기업들은 해외로, 즉 노동자들이 덜 조직돼 있고 임금 수준도 낮은 나라들로 생산을 이전하겠다고 으름장을 놓는다.

'절대적 잉여가치', '상대적 잉여가치', '빈곤화'를 증대하는 경향이 마치 불가항력적인 내재적 경향이라는 의미로서 '자본주의 경제 법칙'인 것은 아니다. 그보다는 자본가들이 일단 이윤율이 압박을 받으면 선택하는 수단 정도로 봐야 정확하다. 그러나 또한 이 세 가지는 변함없이 노동자들의 저항을 불러일으키는 방법이기도 해서, 결과적으로 사회의 잔인함을 폭로하고 광범한 계급투쟁을 불가피하게 만든다.

심각한, 너무나 심각한

자본가들은 이윤율 하락을 상쇄하고 위기에서 자신들을 보호하기 위해 착취 수준을 높이려 애쓴다.

신고전주의 경제학의 통화주의적 변종이 내세우는 한 가지 신조는 자본가들이 이 일[착취 수준을 높이는 것 — 옮긴이]만 잘 하면 위기를 피할 수 있다는 것이다. 임금이 충분히 하락한다면 '한계 생산비'가 가격 이하로 떨어지는 시점에 이르게 돼, 수익성이 회복되고 자본가들이 다시 투자를 시작하며 상품 시장이 확대돼 마침내 완전고용이 실현될 거라고 이들은 주장한다. 그래서 이들은 임금 하락을 막는 노동에 대한 '노동조합 독점'을 깨뜨리는 것이 위기를 해결하는 열쇠라고 주장한다.

그러나 자본주의의 전체 역사는 이런 식으로 착취율을 증가시켜도 불황을 비켜 갈 수 없음을 보여 준다. 불황은 노동조합이 취약하거나 아예 없는 나라에서도 노동조합이 강력한 나라에서와 똑같이 발생해 왔다. 1930년대 초 영국과 미국의 노동조합이 취약했다는 — 게다가 파시스트 이탈리아에는 사실상 노동조합이 존재하지도 않았던 — 사실은 불황의 습격을 막는 데 아무 보탬도 못됐다. 1980년대와 1990년대 각각 레이건과 대처 하에서 미국과 영국의 노동조합이 약화됐던 것도 경기후퇴를 막지 못했다. 오히려 이 때의 불경기는 노동조합이 훨씬 더 강력했던 1940년대, 1950년대, 1960년대의 경우보다 더 심각하기만 했다.

1930년대와 1940년대 케인스주의 경제학자들이 낡은 정통 학설에 맞서 강력하게 제기했던 주장 가운데 하나는 임금 삭감이 사실상 위기를 없애기는커녕 심화시킬 수 있다는 것이었다.

불황이 시작되면 기업들이 생산한 재화를 팔 수 없기 때문에 실업이 증가한다. 임금 삭감은 총소비재 시장을 축소시키며, 이것은 곧 판매 가능한 재화가 더 줄어듦을 의미한다. 따라서 임금 삭감 — 또는 임금 인상 없는 생산성 증대 — 의 직접적 결과는 생산된 것과 구매될 수 있는 것 사이의 간격을 더 넓히는 것이다. 임금 삭감은 불황을 심화시킬 수 있다.

물론 투자가 자동으로 늘어나서 임금 삭감에 따른 소비의 감소를 상쇄할 수 있다면, 이것은 별 문제가 안 될 것이다. 새로운 공업 건물과 기계에 대한 수요가 소비재 수요의 하락을 메워 주기 때문이다. 그러나 소비의 감소와 투자 증가가 자동으로 균형을 잡도록 보장하는 장치 따위는 존재하지 않는다. 오히려 기업들은 소비가 줄어들 것이라 예상되면 자기네 상품 시장이 위축될까 봐 겁을 잔뜩 집어먹고는 팔 수 있는 양보다 더 많은 재화를 생산하는 지경에 이르지 않도록 투자를 줄이기가 쉽다.

정통 신고전주의자들은 자기네 주장을 짓뭉개 버리는 케인스주의의 비평에 대해 한 번도 변변히 대꾸하지 못했다. 만일 불황이 저절로 해결되지 않으면, 그것은 임금 하락에 맞선 노동자들의 저항을 충분히 잠재우지 못한 탓이라고 우기는 것 외엔 달리 그들이 한 일이 없다.

그러나 케인스주의의 주장에도 항상 한 가지 약점 ─ 미국인 폴 바란과 폴 스위지처럼 케인스주의의 물을 먹은 몇몇 마르크스주의자들한테서도 이런 약점이 발견된다 ─ 이 있었다. 그들은 왜 투자가 그렇게 낮게 유지돼 결국 더 깊은 불황과 더 왜소한 호황으로 이어지는지 설명하지 못했다. 이것은 케인스주의자들이 정통 '신고전주의' 경제학을 너무 많이 수용한 나머지, 임금 삭감으로는 도저히 막을 수 없는 장기적인 이윤 하락 압박이 반드시 존재한다는 것을 이해하지 못한 탓이다. 케인스 자신은 '자본의 한계효율'이라고 지칭했던 것의 하락에 대해 언급하고, 앞으로 그런 경향이 계속될 것이라고 예측한 바 있다. 그러나 그의 숭배자들 대부분은 이 견해를 내팽개치고, 그의 저술에서 자본주의 체제의 어떤 본질적인 경향보다는 사업가들의 심리적 조건 탓으로 위기의 책임을 돌리는 구절을 이론적 근거로 삼았다. 그 구절에서는 기업들이 투자에 나서는 것이 '야성적 혈기' ─ 행동하지 않는 것보다는 행동하려는 자생적 충동 ─ 때문이라고 주장했다. 그렇지만 "야성적 혈기가 둔화하고 자연스러운 낙관이 사그라지면 …… 기업은 쇠퇴해 사멸할 것이고", 그 결과 "불황과 공황이 과도하게 확장된다."

그래서 케인스주의자들은 대기업 경영자들 사이에서 미래 전망에 대한 낙관적 분위기를 불러일으킬 목적으로, 정부가 경제에 제한적으로 개입한다면 불황으로 기우는 추세를 막을 수 있다고 주장했다. 불황기에는 정부가 돈을 지출하고 임금 삭감을 못하게 말려야 한다는 것이다. 이런 식으로 하면, 시장의 앞날이 창창한 것처럼 보이게 만들어서 정부가 상품 시장을 창출하고, 기업들이 생산을 확대하게 하고, 투자를 북돋울 수 있을 것이다. 한술 더 떠서, 경제가 불황에서 회복됨에 따라 부가 증대돼 노동계급의 소득과 이윤이 모두 상승할 거라고 그들은 주장했다.

앞서 살펴봤듯이, 케인스주의 사상은 1930년대 불황 이후 사반세기 동안 주류 경제사상을 주도했다. 그렇지만 1970년대 중반의 위기와 더불어 그들은 영향력을 잃게 됐다. 정부가 모든 주요 경제 부문에 상당히 개입했는데도 그 위기를 막지 못하고, 도리어 높아가는 실업률 위에 엄청난 인플레이션만 가중시킨 꼴이 됐기 때문이다. 도처에서 정부와 사업가들은 불황의 해결책은 임금 억제를 위한 반反노동조합법과 실업률 상승을 결합시키는 것이라고 주장한 낡은 정통 학설로 다시 후퇴했다.

미국의 갤브레이스나 영국의 윌리엄 키건이나 윌 허턴, 폴 오머로드처럼 케인스주의의 영향을 받은 경제학자들은 다시 태어난 이 낡은 정통 학설을 너덜너덜한 누더기로 만들어 버렸다. 그렇지만 그들도 점점 더 극심해지는 불황을 퇴치할 확실한 방법을 지적할 수 없었다. 낮은 투자에 대해 그들이 치유책이라고 내놓은 것은 영국과 미국더러 독일이나 일본 경제 — 이들도 자체적으로 심각한 불황을 겪어 왔는데도 — 의 방법을 그대로 따라하라고 거듭 권유하는 것뿐이다. 케인스주의자들은 시장이 노동자들을 빈곤으로 몰아넣게 그냥 내버려두지 말고 정부가 나서서 소득정책을 추진해주기 바란다. 이 경우를 제외하면, 임금억제를 바라는 마음에선 그들도 통화주의자들과 매한가지다.

그러나 한 가지 점에서는 분명 케인스가 옳았다. 소비 억제는 위기 때마다 발생할 수 있는 충격을 더 증가시킨다. 소비가 억제되면, 그 경제의 잠재적 생산량과 대중의 소비 수준 사이의 불균형이 더욱 심해지기 때문이다. 행여 생산된 재화가 몽땅 팔릴라치면, 투자가 한층 더 넓은 간격을 메워줘야 한다. 그렇지만 그 재화들이 모두 팔릴 수 없는 상황, 즉 '과잉생산'의 상황이 발생할 가능성은 점점 더 커진다.

그런 투자를 불러일으킬 만큼 이윤이 높지 않을 때는 심각한 불황이 도래한다. 자본가들은 옴짝달싹도 할 수 없는 처지에 놓이게 된다. 만일 그들이 이윤을 끌어올리려고 착취를 늘린다면, 메워야할 간격이 더 한층 넓어지게 된다. 반면에 만일 그들이 소비재 생산을 확대하려고 착취를 줄인다면, 이윤율이 하락해서 투자는 어떻게든 불황의 전개를 막아낼 만큼의 수준에 미치지 못하게 된다.

이런 딜레마가 생기는 것은 생산의 규모와 노동력의 크기가 엄청나게 차이 나는 단계로까지 축적이 진행됐기 때문이다. 이것은 필요한 투자 수준은 높은데 그에 맞먹는 이윤을 생산하기에는 노동력이 부족해서, 결국 자본가들이 투자를 기피하고 기업들은 생산물을 모두 팔지 못하는 상황으로 나타난다.

제정신을 가진 사회에서는 이런 딜레마가 있을 리 없다. 사회가 대중의 복지를 최우선으로 꼽는다면, 절대적으로 필요한 재화가 생산되기 때문이다. 그러나 현 체제의 추동력은 대중의 복지가 아니다. 자본을 통제하는 사람들은 이윤을 늘리고 자본 소유를 확장하기 위해 자기네식대로 행동한다. 바로 이런 이유 때문에 자본주의 생산 체계의 거대한 톱니바퀴가 삐거덕거리며 멈춰 서게 되는 것이다.

위기가 악화되는 것은 인간이 나약해서도 아니고 어떤 자연스런 재앙 탓도 아니다. 그것은 생산적 노동으로 인간의 필요를 충족하는 것이, 끊임없이 더 많은 부를 축적하도록 몰아붙이는 힘에 종속돼 버린 이 체제의 선천적 결함 때문이다. 마르크스의 표현을 빌면, 위기의 악화는 "자본주의 생산양식이 생산력 발전에서 그런 부의 생산과 전혀 상관없는 장벽에 맞닥뜨리게 됐다"는 증거이며 "자본주의 생산의 진정한 장벽은 자본 자체"라는 것을 보여 준다.

가지각색의 친자본주의 경제학자들이 심화되는 위기 앞에서 하나같이 그토록 곤혹스러워 하는 이유가 여기에 있다. 체제를 개혁하고 싶어하는 정치가들이나 그런 경제학자들도 자본주의의 기본적 특성을 당연하게 받아들인다. 때문에 그들은 결국 실업률의 증가, 빈곤의 심화, '평생 고용의 폐지', 불안정의 증대, 더 열심히 일하라는 압력의 가중 등의 이 모든 것을 지진이나 폭풍우 같은 자연현상으로, 따라서 막을 수도 없고 그저 더불어 사는 법을 배워야 하는 것으로 바라보는 데서 그친다.

체제는 어떻게 유지되는가

전통적인 경제학에서는 자본주의가 영원히 계속될 것이라고 가정하며, 위기를 이따금 일어나는 사건쯤으로 치부한다. 반면, 마르크스의 분석은 불황의 악화가 이 체제의 고유한 풍토병임을 밝혀낸다. 그러나 그것이 자본주의가 그저 저절로 붕괴한다거나 불황이 한없이 계속된다는 말은 아니다. 마르크스가 ≪자본론≫을 끝마친 이래, 한 세기하고도 사반세기 동안 체제는 불황뿐 아니라 호황 ― 어떤 때는 아주 오래 지속된 ― 도 경험했으며, 노동자들의 생활수준이 더 악화된 시기뿐 아니라 더 향상된 시기도 있었다.

더욱 주목해야 할 점은 체제 전체가 그 오랜 기간에 걸쳐 거대하게 팽창해 왔다는 것이다. 마르크스가 1840년대에 연구를 시작했을 때는 프랑스와 독일의 작은 지역들과 잉글랜드 북부, 벨기에 일부 지역, 미국의 북동 해안 지역 정도에서나 산업자본주의가 두드러졌다. 그가 세상을 떠난 1880년대 무렵, 자본주의는 북서 유럽을 완전히 관통하고 북미 전역에 걸쳐 세력을 떨쳤으며, 일본 진출의 첫발을 내딛고 있었다. 오늘날에는 지구상의 모든 나라가 자본주의의 지배를 받는다. 또한 오늘날 세계경제의 총산출량은 1945년의 4~5배에 해당하며, 1840년과 비교하면 무려 20~30배에 이른다.

만약 자본주의에 대한 마르크스의 설명이 그저 자본주의 체제가 침체되거나 쇠퇴한다고 말하는 선에서 그쳤다면, 체제의 팽창에 대해서만 떠들어 대는 정통 경제학파들과 오십 보 백 보였을 것이다.

그러나 사실상 마르크스는 이윤율 저하 경향과 나란히 어떤 '상쇄 요인'이 존재한다고 주장했다.

이 상쇄 요인이란 무엇이었을까? 우리는 이미 몇 가지 ─ 착취율을 높여서 이윤율을 끌어올리려는 자본가가 취하는 여러 가지 조치들 ─ 를 살펴봤다. 그러나 이런 요인들은 본질적으로 위기를 막아 낼 수가 없다. 또한 장기적인 이윤율 저하 경향을 멈추게 할수도 없다. 왜냐하면, 앞서 살펴봤듯이, 몇몇 노동자들이 아무리 쥐어짜듯 착취당한다고 해도 그보다 덜 착취당하는 더 많은 수의 노동자들만큼 많은 잉여가치를 생산해 낼 수 없기 때문이다.

마르크스 시대에는 이윤율을 끌어올리는 데 기여한 또 한 가지 요인이 해외무역이었다. 당시에는 자본주의적 형태를 완전히 갖춘 몇몇 경제들이 주변에 아시아, 아프리카, 라틴아메리카, 동유럽 등지의 더 많은 前자본주의 사회들로 에워싸여 있었다. 자본가들은 비열하기 그지없는 방법을 사용해서(인도를 약탈하고, 노예 수백만 명을 아프리카에서 아메리카로 실어 나르며, 중국인들에게 아편을 사도록 강요하고, 은행가들의 명령 하에 이집트를 정복하는 등), 이런 사회들의 부를 헐값에 손에 넣을 수 있었으며, 그렇게 해서 자신들의 이윤을 끌어올릴 수 있었다.

이제 전 세계가 자본주의로 바뀐 이상, 오늘날에는 이런 방법이 한순간도 먹혀들지 않는다. 한 나라의 자본가들은 다른 나라 지배자들더러 자기네에게 상품을 싸게 팔라고 강요해서 — 1960년대와 1970년대 초 중동 석유의 사례처럼 — 자신들의 지위를 향상시킬 수 있다. 그러나 결과적으로 자본주의 국가들 사이에서 이윤이 재분배될 뿐, 세계 자본주의 전체의 이윤은 그대로다.

마르크스는 세 번째 '상쇄' 요인이 대단히 중요하다고 생각했는데, 이것은 오늘날에도 마찬가지다. 이 세 번째 요인은 각각의 위기가 체제 내부의 장기적 경향에 미치는 영향이다.

위기는 자본주의를 황폐화시킨다. 그리고 지배계급 내에서는 공포를, 대중에게는 궁핍을 불러일으킨다. 그렇지만 간신히 파산을 면한 개별 자본가들에게는 위기가 이롭게 작용하기도 한다. 위기를 틈타 다른 자본가들의 자산을 헐값에 몽땅 사들일 수도 있고, 실업률이 높은 것을 이용해 임금을 내리누를 수도 있기 때문이다.

그래서 1929년 월스트리트 증권파동 때도, 일부 자본가들은 가만히 앉아서 주가가 밑바닥까지 떨어지기를 기다렸다가 기업체들을 몽땅 헐값에 사들일 수 있었다. 더 최근에 있었던 1990년대 초의 불황에서는, 건축비로 20억 파운드가 들어간 런던 이스트엔드의 카나리아 부두 사무소 단지의 가치가 6000만 파운드로 뚝 떨어졌다. 이것은 그 단지의 원래 소유주인 라이히만 형제에게는 땅이 꺼지는 충격이었고, 그들은 파산하지 않을 수 없었다. 그렇지만 턱 없이 싼값에 그것을 사들인 기업에게는 호박이 덩굴째 굴러들어 온 거나 마찬가지였다.

자본주의 기업들은 서로서로 잡아먹는 동족상잔을 통해 불황에서 살아남는다. 생존자들은 생산수단을 종전 가치에 훨씬 못 미치는 싼값으로 손에 넣을 수 있다. 그들은 값을 충분히 지불하지 않고도 최신 설비와 기계를 이용해 생산을 확대하기 시작할 수 있음을 깨닫는다. 비용을 더 들이지 않고도 투자 범위를 넓힐 수 있는 것이다. 이것은 투자 비용이 총노동력보다 지나치게 빨리 증가하지 못하도록 ─ 이윤율에 대한 압박이 완화되도록 ─ 막아 준다.

위기는 자본주의의 '구조조정'을 강제하고, 그 과정에서 많은 개별 기업들이 떨어져 나가는 한편 생존자들은 그들을 제물 삼아 자신들의 이윤을 회복할 수 있게 된다. 게다가 불황기 동안 너무나 많은 자본이 '감가상각'된 탓에, 노동력과 비교해서 장기적인 투가 증가가 다른 때만큼 그렇게 두드러지지 않는다. 결과적으로 경기후퇴가 이윤율과 산업 확장을 회복시키는 역설적 효과를 가져오는 것이다.

오늘날의 경제 위기에 관한 한 기록에서 지적한 대로, 1884년 미국이 서둘러 경기후퇴로 접어들었을 때는 "도산하는 기업들이 꼬리에 꼬리를 물고 이어졌다. 실업은 늘어났고, 섬유업계에서는 25~30퍼센트, 철강업계에서는 15~22퍼센트까지 임금이 하락했다. ……" 그렇지만 카네기 그룹 하나만 놓고 보면, 이들은 앞선 호황기 동안 다량의 이윤을 챙겨 둔 덕분에 "불황기에 경쟁 공장들을 싸게 사들일 수 있었다. 1886년 초에는 경기가 전반적으로 나아졌다. ……"

이와 비슷하게, 1890년대 초 영국에서도 불경기에서 회복하는데 5대 은행(바클레이스, 로이드, 미들랜드, 내셔널 프로빈셜, 웨스트민스터)의 기업 인수 물결이 적잖은 영향을 미쳤으며, 덕분에 그 은행들은 사실상 독점권을 손에 넣었다. 동시에 섬유업계와 야금술에서 소유권 집중 현상, 광범한 산업합리화, 제화製靴와 인쇄업계의 신기술 도입 등이 두드러졌으며, 노동자들이 임금 삭감과 노동조건 악화를 어쩔 수 없이 감수하게 만들었던 대규모 공장폐쇄도 몇 차례 있었다.

19세기 후반 내내 위기는 투자가 노동력보다 훨씬 더 빠른 속도로 증가하는 경향을 둔화시켰다. 그러나 이 경향을 완전히 없애 버리지는 못했다. 한 평가서에 따르면, 미국에서는 노동에 대한 투자의 비율이 1880년과 1912년 사이에 2배로 늘었으며, 다른 평가에 따르면 1900년과 1918년 사이에 25퍼센트 증가했다. 또 다른 평가서에서는 생산량에 대한 투자의 비율이 1855~1864년의 2.02에서 1875~1883년에는 2.16으로 증가했다고 보고한다.

한 중요한 연구에서 길먼이 지적한 대로, 그 시기 미국에서는 노동에 대한 투자의 비율이 비록 "마르크스의 가설적 예와 비교하면 상당히 느리긴" 해도, "꽤 꾸준히 증가하는 경향을 보여 준다." 그

결과, 역사가 에릭 홉스봄이 말한 대로 19세기 말에 이르러서는,

낡은 산업 경제와 새로운 산업 경제가 둘 다 시장과 이윤폭의 문
제에 부닥치게 됐다. …… 공업계 선구자들의 거대한 이윤이 하락
하면서 사업가들은 필사적으로 탈출구를 찾아 나섰다.

비슷한 양상이 1980년대 영국에서도 발견됐다. 1987년까지 기
업들이 예전과 같은 양을 생산하고 있었지만, 1980~1982년의 경기
후퇴로 말미암아 제조업 생산능력의 3분의 1이 휴업상태에 처했
다. 이것은 노동에 대한 투자 증가의 속도를 상당히 더디게 만들었
다. 앞서 인용했던 〈로이드 뱅크 리뷰〉의 논설에서 말했듯이,

자본이 계속 증가하고 있긴 하지만, 그 속도는 점차 줄어들었다.
1970년에는 4퍼센트로 증가했는데 1982년에 이르면 2퍼센트로
속도가 감소했다.

이런 상황에서는 노동자들 — 실업에 대한 두려움 때문에 약간
의 임금 삭감과 많은 성가신 작업 조건을 받아들인 노동자들 — 을
더 많이 착취함으로써 이윤율을 실제로 조금 끌어올릴 수 있었다.
그러나 한 세기 전에 그랬듯이 이번에도 역시 이윤율 회복은 부분
적 회복에 지나지 않았으며, 1980년대 초 수준보다는 높았지만 여
전히 1950년대, 1960년대, 1970년대 초의 수준에는 상당히 못 미쳤

다. 이런 사실은 1990년대 초 처음에는 독일과 미국에서, 그 다음에는 프랑스, 독일, 일본에서 호황이 갑자기 불황으로 뒤바뀌었을 때, 파괴적 방식으로 똑똑히 확인됐다.

4장

점점 비대해지는 자본주의

자본의 집중

제국주의와 전쟁

군국주의와 국가자본주의

국가자본주의, 스탈린주의, 제3세계

환상의 종착역

치명적인 결함

자본의 집중

경기후퇴가 자본주의의 고질적 문제들을 완화할 수 있는 방식을 보고, 체제의 일부 지지자들은 그런 고질적 문제가 아예 없다고까지 주장했다. 이전 보수당 정부의 재무장관이던 나이젤 로손 같은 사람들은, 불황 뒤에는 호황이 그림자처럼 따라다니니까 위기가 되풀이된다고 해서 염려할 건 없다고 말한다. 하이에크를 비롯한 오스트리아 학파에서는 불황이 한층 더 엄청난 부를 생산하기 위한 기반을 마련하기 때문에 '창조적'이라고 말하면서, 불황의 '파괴'를 적극적으로 즐기기까지 한다.

마르크스주의의 영향을 받은 몇몇 사람들 사이에서도 이런 주장의 변종을 찾아볼 수 있다. 그들은 경기후퇴에서 발생하는 자본의 '가치감소'와 체제의 구조조정을 통해 체제가 이윤율을 내리누르는 모든 압박을 깨끗이 날려 버릴 수 있다고 말한다. 그러므로 불황이 더 악화되면서 호황은 더 얇아지고 짧아지는 장기적 경향이 생길 필요도 없다는 것이다. 호황과 불황의 순환이 노동자들에게 끔찍한 영향을 미칠지는 모르지만, 체제가 언제까지나 지금처럼 계속되지 못할 이유는 없다고 그들은 넌지시 말한다. 뿐만 아니라 영국의 노동당과 같은 사회민주당 정부가 체제 내에서 노동자들의 조건을 개선시키지 못한다는 법도 없다고 이따금 덧붙인다.

그러나 그런 주장들은 하나같이 자본주의가 나이를 먹으면 먹을수록 생기는 다른 문제들을 무시하고 있다. 경쟁 기업들의 수가 점점 줄어드는 동시에 한줌의 거대 기업들이 산업 전체와 경제 전체를 지배 — 마르크스가 '자본의 집중과 집적'이라 일컬었던 과정 — 하게 됐다.

이들 거대 기업 가운데 어느 하나라도 파산하는 날에는, 나머지 경제 전체가 어마어마한 피해를 입게 된다. 그 기업에 돈을 빌려 준 은행은 몹시 큰 타격을 받는다. 그 기업에 기계와 원료를 팔거나 그쪽 노동자들에게 소비재를 팔 작정이던 다른 기업체들도 마찬가지다. 그들의 이윤은 갑작스레 손실로 뒤바뀐다. 다른 기업들이 싼값에 기계와 원료를 사들일 수 있다고 해도 별 보탬이 안 될 만큼, 피해 규모가 엄청나다. 몇몇 기업들이 무너져 내려 다른 기업들이 이득을 보는 단계는 지났다. 대신 수익성이 있는 기업이든 없는 기업이든 똑같이 빨아들여 삼키는 경제적 블랙홀이 무서운 위협으로 도사리고 있다.

그러므로 일단 한줌의 거대 기업들이 체제를 지배하게 되면, 위기는 자동으로 해결되지 않는다. 오히려 거대 기업들이 하나씩 무너지면서 도미노 효과로 다른 기업들을 넘어뜨릴 때마다 위기는 더 수렁으로 빠져든다.

자본주의 옹호자들은 대개 체제가 소수 거대 기업들에게 지배되는 추세라는 것을 애써 부인한다. 그래서 영국의 대처주의자들이나 미국 공화당원들, 심지어 알제리의 무슬림들까지도 중소기업들의 중요성 운운하며 이들이 경제의 구심점이라고 주장한다. 그러나 이것은 매번 위기를 거치며 일부 기업들이 다른 기업들을 먹어 치우면서 결국 더 소수의 손에 자본이 집중되는 과정을 무시하는 주장이다. 물론 몇몇 개인들은 운이 좋아서건 판단력이 뛰어나거나 아니면 사기술이 능해서건 간에, 이때가 자기가 자본가로 데뷔할 수 있는 상황이라고 생각하기 때문에 새로운 기업이 등장하기도 한다. 그리고 마르크스가 지적한 대로, 이들 새 기업들은 큰 기회를 한번 낚아채고 싶은 열망에서 때로는 덩치 큰 상대들보다 훨씬 더 혁신적이고 경쟁적인 모습을 보여 준다. 그래서 예컨대, 1970년대와 1980년대 들어 특히 소프트웨어 관련 컴퓨터 산업에서 중소기업들이 대거 성장했다. 그러나 이들 대부분은 오래 가지 못하고 곧 거대 기업들 ─ 전부터 있었거나 새로 생겨난 ─ 의 수중에 접수됐다. 1990년대에 이르자 서너 개 거대 기업들이 세계적으로 컴퓨터 산업을 지배하게 됐다. 1992년 가을 〈파이낸셜 타임즈〉의 보고처럼, "1980년대 호황을 등에 업고 성공한 신세대 기업가들이 차례차례 무너져 가고 있는" 것이 전반적 현상이었다.

한 세기하고도 반세기 동안 잇따른 경기후퇴에서 그렇게 중소기업들이 무너져 내린 결과, 거대 기업들의 지배력은 점점 더 강화됐다. 홉스봄이 말한 대로 이미 한 세기 전에,

트러스트와 카르텔의 형성이 1880년대 독일과 미국을 특징지었다. …… 1897년까지는 자본금 10억 달러 이상의 기업 연합이 82개에 달했으며, 1898~1900년의 3년 사이에 자본금 11억 4000만 달러의 거대 연합이 11개 형성됐고, 1901년에는 자본금 14억 달러의 지상 최대 연합인 미국철강이 등장했다.

이런 과정은 양 세계대전 사이에 더욱 속도가 붙어서, 이 시기에 각 나라마다 소수 기업들이 ― 예컨대, 미국 자동차 산업에서는 포드·제너럴모터스·크라이슬러가, 영국 화학공업에서는 ICI가, 독일 중공업에서는 크룹스와 티센 등이 ― 각 산업을 지배하게 됐다. 1970년대에 이르면, 미국의 100대 대기업이 공업 자산의 48.4퍼센트를 점유하고, 대부분의 산업에서 주요 경쟁사들이 기껏해야 두세 개에 불과할 정도로 경제적 집중도가 심화됐다. 같은 시기에 영국에서는, 100대 대기업이 총생산량의 49퍼센트를 생산했고, 화학약품·식품가공·세척제·컴퓨터 본체·자동차 부품 등의 많은 산업 부문에서 경쟁 상대가 되는 것은 두 기업 정도에 지나지 않았다.

지난 20년간의 불경기는 한층 더 심한 집중을 낳았다. 기업들간에 국경을 뛰어넘은 인수와 제휴가 이뤄져, 미국 기업 명의로 행한 거래를 영국이나 프랑스에서 소유하고 영국 기업 명의의 거래를 일본에서 소유하는 일이 자연스러워졌다. 특히 금융업과 주요 산업 부문 ― 원격통신, 컴퓨터, 항공우주 산업, 자동차, 화학약품, 식품가공, 의약품 등 — 에 해당된 일이었지만, 은행업과 경비 산업에서 영화제작에 이르기까지 폭넓은 '서비스'업계에서도 이런 현상이 갈수록 두드러졌다.

현재 추산에 따르면, 500대 대규모 초국적 기업들이 세계 무역의 3분의 2를 통제하고 있으며, 그 가운데 15대 대기업 — 제너럴 모터스, 엑손, IBM, 로열 더치 셸을 비롯한 — 의 수입을 합한 것이 120개 나라 이상의 수입을 합한 것보다도 더 많다.

만일 이들 거대 기업들 가운데 어느 하나라도 무너지는 날엔, 체제를 "깨끗이 정리하는 데" 보탬이 되기는커녕 문제를 더 악화시킬 것이다. 때문에 한편으로 '자유 시장'의 기적에 대해 뭐라 떠들어대건 간에, 정부는 시장에서 어느 거대 기업의 미래를 위협할라치면 금세 간이 콩알만 해져서 그들 기업이 무너지지 않도록 전력을 다한다.

이것은 이미 한 세기 전에 확인된 일이다. 시장과 '자유무역'에 폭 빠져 있던 영국 정부가 베어링스 은행이 무너지기 직전에 당장 달려들어 떠받쳐 주었던 것이다. 양 세계대전 사이에는 이런 현상이 더 대대적으로 나타났는데, 당시에는 각국의 우파 정부들이 속속 개입해서 필요하면 기업을 국유화해서라도 주요 은행과 산업의 붕괴를 막았다. 그런 현상은 1980년대에도 되풀이됐다. 미국에서는 부시 정부가 저축대부조합을 긴급 구출하려고 개입했고, 대처 정부는 난파당한 존슨마티 은행을 구조하려고 '구명보트' 작전을 마련했다.

1990년대 초에는 ─ 최소한 미국과 영국에서는 ─ 깡그리 파산하는 사례가 1970년대 중반이나 1980년대 초의 경기후퇴 때보다 더 많았다. 저축대부조합은 간신히 기사회생했지만, 대서양을 마주한 양 대륙에서 도산한 대기업들 ─ 거대 항공사 팬암, 거대 국제은행인 국제신용상업은행, 복합기업체인 폴리펙, 부동산 재벌인 올림피아 앤드 요크, 세계 최대 출판 재벌인 맥스웰 통신주식회사 등 ─ 이 부지기수였다.

그러나 이것으로도 다 끝나지 않았다. 완전히 망해 버린 경우라도 예전처럼 나머지 체제에 긍정적 효과를 미치지 못했다. 왜냐하면 그런 거대 기업들의 자본 소유주가 대부분 개별 주식 소유자들이어서, 그들이 붕괴의 손실을 짊어진 채 다른 기업들이 그냥 이득을 보게 놔두는 것은 아니기 때문이다. 대신 주요 주주들은 은행과 기타 금융기관들이고, 이들은 체제에 남아 있는 수익성 있는 부문들로부터 손실을 벌충하려고 노력해야만 한다. 맥스웰, 올림피아 앤 요크, 팬암, 폴리펙 등의 붕괴 비용 대부분을 치러야 했던 것도 바로 은행들이었다. 그 결과 은행들은 다른 차용인들 ─ 다른 대기업들을 포함한 ─ 에게 이자율을 올려 받는 방법으로 이 손실분을 메우려 애썼다.

개별 주주들(혹은 맥스웰의 경우처럼 개별 연금 수령자들)이 고통을 짊어지는 경우에, 이것은 체제 전체에게는 유리하다. 주주들과 그들의 자본이 날아가면서 체제의 숨통을 틔워 주기 때문이다. 그러나 거대 금융기관이 고통을 받게 되면 상황이 달라진다. 초래된 손실을 이들 기관에서 부담해야 하는 까닭에, 체제의 나머지 부분에서 두루 수익성을 깎아 내리게 된다. 이런 현상은 위기로 기우는 경향을 완화하기는커녕 오히려 강화한다.

이것을 가장 분명하게 보여 주는 증거는 경기후퇴 시기 내내 장기이자율이 높은 수준을 유지했다 ─ 대체로 1960년대보다 2배가 높고, 실질 이자율이 마이너스를 기록했던 1980년대 초의 경기후퇴 때와는 뚜렷한 대조를 이룬다 ─ 는 점이다.

오늘날 다국적기업의 파산은 나머지 체제가 다시 수익성 있는 성장을 재개할 수 있도록 정돈을 해 주는 게 아니라, 도리어 더 무거운 부담을 얹어 주는 꼴이다.

제국주의와 전쟁

자본주의의 고질적 문제는 100년도 더 된 1880년대 '대공황기'에 이미 눈에 보일 정도였다. 당시 카네기는 위기를 통제하기가 너무 힘들다며 불평을 늘어놓은 바 있다. 이 문제들은 1930년대에 다시 두드러졌는데, 이때도 일부 평론가들은 자본주의의 '최종 위기' 어쩌고 떠들어댔다. 두 경우에 모두, 자본가들과 노동자들은 너 나 할 것 없이 다시는 못 올 것 같은 경기회복을 기다리는 심정이었다.

그렇지만 자본주의는 두 번 다 회복됐을 뿐 아니라, 불황 이후에 역사상 유례없이 활기찬 국면을 맞이했다. 1940년대에서 1970년대 초 사이에 일어난 팽창이 특히 그랬다. 그 기간에는 자본주의 체제의 역사를 통틀어 가장 크고 가장 지속적인 팽창이 한동안 계속되면서 '장기 호황'을 누릴 수 있었다.

이런 경험을 하고 나자 사람들은 또다시 세기의 전환기와 1960년대 들어 점차 자본주의가 더 나은 사회 형태로, 즉 붕괴 일보 직전도 아니고 주기적 불황을 겪을 필요도 없고, 더 한층 격렬한 계급 대립으로 귀결되지 않는 그런 사회로 바뀌고 있다고 주장하고 나섰다.

그 두 시기에 자본주의가 위기의 심화 추세를 주춤하게 한 새로운 완충장치를 발견한 것은 사실이었다. 그러나 이런 장치는 임시방편이었을 뿐, 점차 그 효력이 떨어지면서 다시 위기가 격렬하게 되살아났다.

지난 세기 말에 주로 사용된 장치는 자본주의가 서유럽과 북미의 본고장을 벗어나 밖으로 뻗어 나가는 것 ― 제국주의라고 알려진 과정 ― 이었다.

1870년대와 1880년대에 주요 자본주의 열강은 팽창에 착수해서, 나머지 세계 곳곳에 자신들의 지배력을 공고히 하기 시작했다. 영국 정부는 옛 대영제국을 확장해서 무려 지구 표면의 3분의 1 ― 아프리카의 절반, 인도 전체, 중동 지역의 상당 부분을 포함해서 ― 을 합병하기에 이르렀다. 프랑스 정부는 인도차이나와 아프리카 나머지 지역을 대부분 장악했고, 레바논(터키 쪽에서는 여전히 자기네 통치 하에 있다고 주장했지만)을 지배하기 시작했다. 미국은 스페인에게서 필리핀을 빼앗았고, 명목상 독립 국가였던 쿠바와 중앙아메리카를 실질적으로 통치했다. 네덜란드는 자바 섬을 근거지로 뻗어 나와 지금의 인도네시아 전역을 손에 넣었다. 벨기에는 콩고(지금의 자이르)를 차지했다. 이탈리아는 트리폴리(지금의 리비아)와 소말리아를 장악했다. 독일은 자신들의 식민지 제국을 꿈꾸기 시작하며 탕가니카(지금의 탄자니아)와 서남아프리카(지금의 나미비아)를 식민지로 삼고, 북아프리카에 거점을 마련하려 애쓰고 있었다. 모든 주요 유럽 열강들이 중국에 자신들의 세력 구역을 확립해 실질적으로 중국 땅을 나눠 갖고 있었다. 1914년까지 아프리카에서 독립국으로 남아 있던 나라는 에티오피아 하나뿐이었고, 동시에 아시아에서는 분할된 중국을 제외하면 아프가니스탄과 타이만이 유럽의 직접적인 통치를 받지 않았다.

유럽 열강들이 이렇게 제국 개척에 나선 이유는, 금융가들과 산업가들이 거기서 막대한 이윤을 벌어들일 수 있다고 믿었기 때문이다. 그들은 값싼 원료를 손에 넣어 다른 자본주의 나라들보다 유리한 위치를 차지할 수 있는 열쇠가 곧 영토 지배라고 생각했다.

열강들이 아프리카와 아시아에 식민지를 건설하고 중동, 라틴아메리카, 동유럽 등지의 명목상 독립 정부들을 좌지우지하게 되자, 이들 간의 경쟁에서 국제 외교가 중심에 놓이게 됐다. 제국을 거느린 열강들은 군사력을 증강해 더욱 힘을 키우려고 노력했다. 제국이 없는 강국들은 제국을 거느린 나라에게서 식민지와 권력을 빼앗으려고 노력했다. 그러다가 부득이한 경우가 생기면, 영국, 프랑스, 러시아를 한편으로 하고 독일, 오스트리아-헝가리를 다른 한편으로 해서 서로 세계 전쟁을 벌일 각오도 하고 있었다.

일부 주류 역사가들은 대대적인 제국 건설 움직임이 경제와 무관한 동기에서 비롯했다고 주장한다. 그러나 이것은 1880년대 이후 식민지화를 가장 열렬히 지지했던 사람들 가운데 하나가 바로 이전까지 식민지의 가치를 미심쩍어 했던 산업가들과 금융가들이었다는 사실을 무시한 주장이다. 1890년대가 되자, 영국 총투자의 절반이 해외로 빠져나갔다. 제국을 기반으로 사업하는 기업들(베어링스를 비롯한 은행들과 유니레버 같은 산업 재벌, 그리고 앵글로 이라니안 — 지금의 BP — 과 셸을 비롯해서 점점 더 많은 석유회사들)이 영국 경제를 지배하게 됐고, 프랑스(수에즈 운하 회사)와 벨기에(거대한 유니온 마이니어)도 마찬가지였다. 독일에서는 발칸반도와 터키제국의 나머지 지역들에 '세력권'을 개척하라고 중공업 쪽에서 정부에게 점점 더 압력을 넣었다.

홉스봄이 아주 정확하게 지적했듯이,

정치사가史家들은 19세기 말의 몇십 년 동안 소수 서유럽 열강들(더하기 미국) 간의 실질적인 세계 분할에서 경제적 동기는 발견할 수 없다고 공언해 왔다. 그러나 경제사가들은 별로 힘들이지 않고 그것을 찾아낸다.

해외투자가 활발해진 것은 산업가들과 금융가들이 확실한 이윤과 값싼 원료를 노렸기 때문이다. 그러나 해외투자는 체제 전체에 중대한 간접적 영향을 미쳤다. 투자의 절반이 해외로 나갔다면, 국내 투자에 쓸 수 있는 자금이 50퍼센트가 줄게 된다. 때문에 해외 진출 기업들은 노동절약형 설비투자를 자기네가 안 하면 국내 경쟁자들이 할 거라는 식의 염려를 한시름 놓게 됐다. 그 결과, 전반적으로 투자가 더는 고용된 노동력보다 빨리 증가하지 않았으며, 실제로 영국에서는 생산량에 대한 투자의 비율이 1875~1883년의 2.16에서 1891~1901년에는 1.82로 떨어졌다. 이윤율이 상승할 수 있었고, 1880년대에 길게 드리웠던 자본주의의 비관론 대신에 낙관론과 호황의 새 시기가 들어섰다.

'대공황'기에 세 차례나 13~14퍼센트 이상으로 올랐던 실업률이 1895~1912년 사이에는 10퍼센트를 밑돌았다.

갓 창설된 영국 노동당 내에서 '점진주의' 사상이 지배적이었던 것도 무리가 아니었다. 또한 자칭 '마르크스주의적'이었던 독일 사회민주당 내에서 '수정주의'와 '점진주의' 사상이 갈수록 유력해질 만도 했다. 사태의 겉만 보는 사람들의 눈에는, 한동안 자본주의가 안전을 제공해 줄 수 있고 노동자들의 생활수준도 향상시키는 것처럼 보였다.

그러나 이런 자본주의의 '번영'기는 오래가지 못했다. 추락하는 수익성을 제국주의가 되받아칠 수 있었던 것은 20~30년이 고작이었다. 마침내 해외투자의 기회가 바닥나기 시작했고, 기존 투자에서 생긴 이윤은 다시 선진 공업국들로 흘러 들어가기 시작했다.

이 때문에 1910년의 막바지에는 영국 국내에서 이윤을 획득하려는 자금 수준이 다시 20년 전의 수준으로 높아졌다. 한 측정치에 따르면, 제조업에서 노동에 대한 투자 비율이 1891~1892년의 1.92에서 1908~1913년에는 2.19로 — 그러니까 1870년대 말과 1880년대 초 '대공황' 직전보다 약간 더 높은 수준으로 — 늘어났다. 당연히 이윤율 하락 압박의 새로운 징후들이 나타났고, 1913~1914년까지 실업률이 다시 15퍼센트가량 오르면서 위기가 더욱 심각해졌다.

한편 작은 제국을 거느린 자본주의 국가들은 이런 고통을 분담해야 하는 압력 때문에 기존 제국주의 국가들과 거듭해서 충돌했다. 그 결과는, 필리핀, 쿠바를 사이에 둔 미국과 스페인간의 전쟁, 중국 북부와 한국의 통치권을 사이에 둔 1904~1905년의 러일전쟁, 모나코의 권력을 사이에 둔 프랑스와 독일 간의 충돌, 더 많은 전함을 생산하려는 영국과 독일의 힘겨루기, 마지막으로 유럽 남동부에 대한 세력 다툼인 러시아와 오스트리아-헝가리 간의 충돌 — 제1차세계대전을 재촉했던 충돌이다 — 등으로 나타났다.

제국주의는 쉴 새 없이 더 엄청난 경제 위기로 나아가는 체제의 경향을 한풀 꺾어 놓은 적이 있다. 그러나 그것은 아주 잠깐에 불과했고, 그것도 체제를 세계대전의 공포와 파괴로 나아가게 만든 대가였다. 그리고 그 전쟁의 여파 속에서 경제 위기는 역사상 유례없이 무지막지한 파괴적 규모로 다시 등장했다.

군국주의와 국가자본주의

1929년에 시작된 위기는 체제가 일찍이 경험한 것 가운데 단연 최악의 위기였다. 세계 최대의 두 공업 강국인 미국과 독일에서 실업이 전체 노동인구의 약 3분의 1로 치솟았다. 더 심각한 것은, 불황이 저절로 끝날 기미가 안 보인다는 것이었다.

1933~1934년에 독일과 미국에서 제한적으로나마 경제가 회복하기 시작한 데에는 정부의 개입이 필수적이었다. 미국에서는 루즈벨트의 '뉴딜' 정책이, 독일에서는 새로운 나치 정부의 공공토목공사 계획이 실시됐다. 그러나 어느 쪽도 불황의 콧잔등을 긁는 수준 이상으로 나아가지 못했다. 1934년 독일의 공업 생산은 아직도 1929년 수치의 5분의 4에 불과했고, 미국에서는 새로운 경기하강 국면 ─ 한 역사가가 '미국 역사에서 가장 급격한 하락'이라고 표현한 ─ 이 시작된 1937년에도 인구 7명당 1명이 실업 상태였다.

정부가 대대적인 전쟁 준비에 착수하면서 비로소 위기에서 진정한 회복이 시작됐다. 독일에서는 1935년 대대적인 재무장을 기초로 한 '군비' 경제가 확립되면서 경제가 서서히 회복됐다. 미국의 경우는 1941년 제2차세계대전 참전이 시발점이 됐다. 갤브레이스가 지적한 대로, "1930년대의 대공황은 종결된 게 아니었다. 단지 1940년대의 전시체제 대大동원 속으로 사라졌을 뿐이다."

전쟁 준비는 제국주의와 똑같은 이익을 자본주의에 안겨 주었으며, 사실상 제국주의가 잉태한 자식이었다. 전쟁 준비는 거대 기업들에게 다른 나라의 경쟁 상대들에게서 원료와 산업 설비의 통제권을 빼앗아올 기회를 제공했다. 예컨대, 독일 대기업이 체코슬로바키아와 폴란드 경제를 집어삼키고, 중동의 석유 통제권을 차지하기 위해 북아프리카에서 '사막의 전쟁'으로 영국 대기업에 도전했던 경우나, 일본 대기업이 베트남, 인도네시아, 말레이시아에서 예전에 영국, 프랑스, 네덜란드 기업들이 운영하던 플랜테이션을 빼앗은 경우처럼 말이다.

더욱 중요한 것은, 전쟁 준비를 통해 다른 경제 부문의 불안정에서 영향을 받지 않는, 국가가 보증하는 상품 시장이 기업들에게 공급된다는 점이다. 식품이나 소비재의 수요는 호황·불황에 따라 오르락내리락했다. 이런 물품을 만드는 공장이나 수송을 담당하는 배와 트럭의 수요도 마찬가지다. 그러나 탱크와 전함과 군용 항공기의 수요는 정부가 무장을 계속하는 한 계속 늘어났다.

사실상 국가는 단순히 민간 부문에서 무기를 주문하기만 했던 게 아니다. 제때 적절한 양의 무기 생산을 확보하기 위해 — 필요하다면 민간 기업을 국유화해서라도 — 국가가 점점 더 전체 경제를 계획하고 나섰다.

나치 독일에서는 1935년 이후로 은행예금을 확실하게 군비확장 운동에 갖다 쓰려고 국가가 대부분의 은행 체계를 관장했다. 같은 이유에서 제조업체들은 일정 수준 이상의 이윤을 몽땅 국가에 위탁하도록 법으로 강제됐다. 1936년의 4개년 계획을 실시하면서 괴링은 '경제 독재자'로 변신했다. 그의 목표는 수익성이 있든 없든 상관없이 무슨 수 — 투자 보조금 지급, 세금 공제, 가격·주문·수익 보장 등 — 를 써서라도 60~80억 마르크의 투자 계획을 관철시키는 것이었다. 한 거대 기업의 총수, 즉 티센이 말을 듣지 않으려하자 괴링은 그의 재산을 몰수하고, 황망히 망명하게 만들었다.

마찬가지로, 미국도 일단 참전하자마자 국가가 경제의 군비 부문 — 총국민생산의 절반 정도에 해당하는 — 을 장악했을 뿐 아니라 무슨 소비재를 생산할 것인가까지 결정하고 나섰다. 국가가 총투자의 90퍼센트를 관리했고, 막대한 돈을 들여 새로운 병기 공장을 세운 뒤 민간 기업에게 경영권을 넘겨주는 식이었다.

사실상 전쟁 추구 노력은 국가가 낡은 시장기구를 뒤엎어 버리게 — 그리고 그 과정에서 대기업들의 모든 반대를 무력화시키게 — 만들었다. 나치 독일이나 전시 미국에서 더는 수익성 있는 부문을 찾아 흘러드는 자금의 '자유로운' 흐름이 경제 발전을 좌우하지 못했다. 대신에 국가가 무엇을 생산해야 하는지 결정하고, 그 다음 적당한 부문에 자금이 유입되게 유도 — 기업에 직접 주문을 하거나, 그 부문이 수익성을 갖도록 시장을 조작하거나 해서 — 했다.

그러나 전시경제가 잘 돌아간 데에는, 국가가 시장기구를 뒤엎어 버린 것 말고도 다른 요인이 있었다. 생산되는 무기의 전량 소모와 전쟁의 야만적인 파괴성도 한몫을 했다. 이 요인들은 불황기에 발생하는 자본 파괴와 똑같은 영향을 체제에 발휘했다. 생산적인 산업 내에 투자할 수 있는 자금을 감소시켰던 — 동시에 투자가 노동력보다 더 빨리 증가하는 경향을 둔화시켰던 — 것이다.

이런 사실은 1920년대 독일 마르크스주의자였던 그로스먼의 글에서 처음 언급됐다.

전쟁이 불러온 파괴와 가치 감소는 [자본주의의 — 하먼] 내재적 붕괴를 비켜 가고, 자본축적에 숨통을 틔워 주는 방편이다. …… 전쟁과 전쟁으로 생기는 자본가치의 파괴는 [자본주의의 — 하먼] 붕괴 정도를 완화하고, 필연적으로 새로운 자본축적 동인을 제공한다.

그의 설명에 따르면, 비록 전쟁 덕분에 재산을 무진장 부풀릴 수 있는 거대 자본가들도 몇몇 있지만, 체제 전체로 보면 전쟁이 "가치를 가루로 만들어 버리고" "축적 속도를 떨어뜨리기" 때문에 결국 투자가 고용된 노동력보다 결코 더 빨리 증가하지 못한다. 이것이 거꾸로 이윤율 하락을 막아 준다는 것이다.

1940년대, 1950년대, 1960년대에도 오크스와 밴스라는 필명의 미국 마르크스주의자와 영국 마르크스주의자인 마이크 키드런이 같은 주장을 펼치고 더욱 풍부하게 했다. 그들은, 비록 무기 생산이 자본축적 속도를 떨어뜨리기는 했지만 한편으로는 그 덕분에 자본축적이 더 순조롭게 진행돼 잇따른 불황에서도 멈추지 않고 계속됐다고 설명했다. 전시경제와 평화시 경제는 이솝우화에 나오는 거북이와 토끼의 이야기에 빗댈 만했다. 처음에는 전시경제의 축적이 평화시보다 느리게 진행된다. 생산적으로 투자될 수 있는 자금이 무기 쪽에 너무 많이 소모되는 까닭이다. 그러나 바로 이런 이유 때문에 전시경제는 불황기 내내 "한숨 돌리기" 위해 어쩔 수 없이 멈춰 서지 않아도 되고, 그렇게 해서 평화시 경제를 따라잡는 것이다.

이것은 제2차세계대전 동안 극적으로 확인됐다. 1943년 미국 경제의 생산량 가운데 거의 절반이 전쟁 계획에 소비됐다. 그렇지만 이렇게 소비되고도, 소비재 생산량이 1930년대 말 불황으로 침체된 평화시 경제보다 월등히 많았다. 게다가 미국 기업들은 이들 무기 값으로 무거운 세금을 부담했는데도 전쟁 동안 1938년보다 2배가 넘는 이윤을 거둬들였다.

이런 사실은 1940년대 말부터 1970년대 중반까지 냉전 시기에 다시 한 번 확인됐다. 경제 관측자들은 대부분 제2차세계대전 이후 세계가 양 대전 사이에 경험했던 대위기를 다시 되풀이할 거라고 예측했다. 그러나 그런 일은 일어나지 않았다. '평화시'에도 군비 지출이 일찍이 없었던 높은 수준을 유지했기 때문이다. 1930년대에 미국 생산량의 1퍼센트 미만이었던 군비 지출이 1950년대 초에는 약 15퍼센트에 달했고, 1960년대에는 8~9퍼센트 정도로 내려갔지만 여전히 민간산업에 대한 총투자와 맞먹는 수준이었다.

1940년대부터 1970년대 사이에 자본주의는 일부에서 '황금기'라고 일컫는 시기를 경험했다. 실제로 여러 나라들이 차례로 전례 없는 경제성장을 이룩했다. 미국 경제는 몸집이 세 배로 커졌고, 독일 경제는 다섯 배나 성장했으며, 프랑스 경제는 네 배로 성장했다. 심지어 오랫동안 내리막길을 걸어온 처량한 영국 경제까지도

1970년대에는 1940년대의 두 배로 생산이 늘어났다.

자본주의는 비할 바 없이 번창했다. 그리고 대부분의 노동자들 생활도 더 나아졌다. 선진 공업국들 대부분에서 실업이 거의 사라졌고, 영국, 독일, 스칸디나비아에서는 1퍼센트 정도로 실업률이 떨어졌다. 전쟁의 폐허 위에 대도시들이 재건됐을 뿐 아니라, 1830년대나 1840년대부터 더를 잡고 있던 빈민굴 대신에 새로운 주택단지가 들어섰다. 무료의료시설 덕택에 사람들은 더 오래 살 수 있게 됐고, 연금제도가 개선돼 처음으로 많은 사람들이 노년을 고대하게 됐다.

가난이 사라진 것은 아니었다. 호황에서 누락된 구식 산업에 기초한 '빈곤지역'들은 가난이 끊이지 않았다. 만성병을 앓는 환자들과 결손가정 자녀들, 그리고 일부 노인들 역시 가난에 시달렸다. 그러나 선진 산업국들에서 가난은 대개 보이지 않게 숨어 있었다. 실업자들이 더는 1930년대처럼 거리를 배회하지 않았고, 거지들도 자취를 감추었다.

호황은 선진 공업국들의 호황이었다. 그러나 나머지 세계에도 전혀 영향이 없지는 않았다. 이탈리아, 스페인, 포르투갈, 한국, 싱가포르 같은 나라들이 영국 같은 오랜 기존 공업국들을 따라잡기 시작했고, 몇몇 경우에는 추월하기도 했다. 그 밖에 인도, 중국, 브라질, 멕시코 같은 광범한 '제3세계' 국가들에서는 비록 주민들 대부분이 시골이나 급속히 성장하는 도시의 빈민가에서 허리가 휠 정도의 가난에 계속 시달리고 있을지언정, 경영자들의 호주머니는 금세 두둑해지고 있었다. 그런 성장은 가난한 사람들에게도 참고 기다리기만 하면 좋은 때가 올 거라는 믿음을 심어 주었다.

이런 장기 호황은 1890년대에 자라났던 것과 비슷한 사상을 다시 퍼뜨렸다. 천박한 사상가들에게는 자본주의가 모든 문제를 극복한 듯이 보였다. 실제로 어떤 저술가들은 이 사회가 더는 자본주의가 아니라 더 고도화된 경제구조 형태라고까지 주장했다.

그러나 제2차세계대전의 참사와 전후 군비경제의 어마어마한 낭비가 없었다면, 그리고 인류 전체를 극도의 위협에 빠뜨린 핵무기 경쟁이 없었다면, 체제는 결단코 이렇게 팽창할 수 없었을 것이다. '황금기'의 '영광'은 핵폭탄의 잔학성에 매달려 있었다.

국가자본주의, 스탈린주의, 제3세계

군사적 국가자본주의는 유럽 선진국들에만 국한된 게 아니었다. 약 40년 동안 그것은 흡사 전 세계에 걸친 자본주의 발전 모델이나 다름없었다. 최초로, 그리고 가장 철저하게 국가자본주의로 이행한 경제 가운데 하나는 바로 상대적 후진국이었던 1920년대 말 스탈린의 러시아였다. 이 나라는 스스로 사회주의 국가라고 불렀다. 그러나 1920년대 말에 이미 1917년 혁명을 고무했던 진정한 사회주의와는 동떨어져 있었다. 진정한 사회주의는 앞날의 일을 노동자들이 의식적으로 결정하는 그런 사회를 목적으로 했다. 그러나

구舊지배계급이 일으킨 내전의 폭발과 모든 서방 열강들의 무력 개입이 혁명을 교살해 버렸다. 경제는 황폐하기 이를 데 없었고, 러시아의 거의 모든 공업이 폐업 상태였으며, 혁명을 일으켰던 노동계급은 사실상 거의 해체됐다. 노동계급이 없는데 노동자 민주주의가 가능할 리 없었다.

1920년대 초에는 혁명을 이끌었던 혁명가들이 아직 정부에 남아 있었다. 그러나 정부의 통치는 갈수록 관료계급에 의존하게 됐다. 관료층은 옛 차르제국의 행정가들 다수와 이오시프 스탈린이 이끄는 당의 새로운 상근 관리계층으로 이뤄져 있었다. 관료들은 입으로는 계속 혁명을 이야기했지만, 1917년의 혁명가들을 당에서 쫓아내 버리고 점점 더 자신들을 위해 통치권을 휘둘렀다. 목 졸려 죽은 시체의 얼굴이 살아 있는 사람의 얼굴처럼 보일 수 있듯이, 1927년 러시아의 겉모습도 1917년 러시아와 닮아 보였다. 그러나 실제로는 근본으로 달랐다.

한동안 러시아의 새 지배자들은 토지와 일부 공업, 상업 부문을 기꺼이 사적 소유로 남겨 두었다. 1917년의 원칙을 고수하고 싶어하는 트로츠키 같은 사람들을 내쫓으려면 특권 소유주들(네프맨으로 알려진)의 지지가 필요했기 때문이다. 그러나 이 정책은 1927~1928년의 대大경제 위기로 이어졌고, 때마침 서방은 다시 개입하려는 조짐을 보였다. 그러자 새 지배자들은 대대적인 역회전을 감행해서, 군사적 국가자본주의를 나름대로 변형해서 채택하기 시작했다.

그들은 외국의 위협에서 자신들의 러시아 통치권을 지킬 방법을 찾느라 필사적이었다. 해결책은 공업을 전속력으로 일으켜 세우는 것이라는 게 그들의 판단이었다. 오로지 이 방법을 통해서만 자신들도 서방 국가들과 같은 규모로 전차, 전함, 항공기, 기관총을 생산할 수 있을 것 같았다. 스탈린이 말했듯이,

공업화 속도를 늦추는 것은 뒤지는 것을 의미하며, 뒤지는 자는 패배한다. ······ 우리는 선진국들보다 50~100년이 뒤처져 있다. 우리가 10년 안에 이 간격을 메우지 못한다면, 그들이 우리를 뭉개 놓을 것이다.

스탈린의 논리는 더 큰 자본가의 경쟁 압력에 부닥친 여느 소자본가의 논리 — 상대를 따라잡기 위해서 생각할 수 있는 온갖 '희생'을 감수해야 한다고 노동자들에게 이야기하는 것 — 와 다를 바 없었다.

스탈린에게 '서방을 따라잡는' 길은 다른 나라에서 사용된 모든 '원시적 축적' 방법을 러시아 내에서 흉내 내는 것이었다. 영국 산업혁명의 기초는 인클로저 법령과 철거령을 선포해 농민들을 토지에서 쫓아내는 것이었다. 마찬가지로 스탈린은 수백만 명을 강제로 도시로 이주시킨 '집산화'를 통해 농민들의 토지 통제권을 박살내 버렸다. 영국 자본주의는 카리브해 지역과 북아메리카의 노예제를 통해 부를 축적했다. 마찬가지로 스탈린은 수백만 명의 대중

을 강제노동수용소에 몰아넣었다. 영국은 아일랜드와 인도와 아프리카를 약탈했다. 마찬가지로 스탈린은 소련 내 비러시아계 공화국의 권리를 박탈하고 그 민족들 전체를 고향에서 수천 마일 떨어진 곳으로 추방해 버렸다. 영국의 산업혁명은 노동자들의 가장 기본적 권리마저 짓밟았고 남녀노소 할 것 없이 하루에 16시간씩 노동시켰다. 마찬가지로 스탈린은 영국의 선례를 따라 노동조합의 독립성을 폐지하고 파업 중인 노동자들을 총으로 쏴 죽였으며, 실질임금을 50퍼센트씩 삭감했다.

스탈린의 방법과 초기 서구 자본주의의 방법 사이에 중요한 차이점은 하나뿐이다. 서구 자본주의가 원시적 축적을 완결하는 데 수백 년이 걸린 반면, 스탈린은 불과 20년 만에 목적을 달성하려고 애썼다는 점이다. 따라서 그 기간에는 잔학성과 야만성이 몇 곱절 더 진하게 응축돼 있었다.

그러나 스탈린주의 관료는 산업혁명기 영국의 소규모 '시장' 자본주의를 흉내 내는 정도로는 뒤진 것을 만회하기가 힘들었다. 공업 규모가 서방과 비슷해야 러시아가 군사적으로 성공을 거둘 수 있었다. 그러나 민간 기업들이 서로 집어삼키면서 더 성장할 때까지 기다릴 시간이 없었다. 필요한 규모로 생산을 확장시키려면 국가가 개입해야만 했다.

소규모 민간 기업들이 아니라 국가자본주의적 독점이 축적을 추진해야 했다. 또한 국가가 다른 모든 생산을 이 축적에 종속시켜 경제 전체를 조정할 필요가 있었다.

대부분의 사람들은 이것이 사회주의적이라고 생각했다. 그리고 아직도 많은 사람들이 그렇게 생각한다. 스탈린주의가 실제로 러시아에서, 그리고 뒤에 동유럽과 중국 등지에서 사적 자본주의를 질단내 놓았기 때문이다. 그러나 스탈린주의의 방법은 서방 전시 경제의 방법과 너무도 닮아 있었다. 스탈린주의는 서방 전시경제가 계획한 그대로 ─ 중공업과 군비 생산은 늘리는 반면, 대중의 소비는 억제하는 식으로 ─ 좇아서 계획했다.

서방 최고의 동유럽 경제문제 권위자 가운데 하나인 마이클 케이저가 지적한 대로, 1945년 이후 이 지역의 새로운 "사회주의 계획 입안자들"은 전시 독일 점령기에 확립된 방법을 단순히 이어받기만 한 경우가 많았다. "많은 시장 관계들이 1939~1945년의 가격과 수량 통제로 금지된 뒤 다시는 등장하지 못했다."

폴란드의 유명한 계획 입안자 가운데 하나인 오스카르 랑게는 다음과 같이 말했다.

강제력을 널리 사용하는 고도로 집중화된 행정 계획과 관리 방법은 …… 사회주의에 고유한 특징이 아니다. 그것은 전시경제의 기술에 지나지 않는다.

1930년대, 1940년대, 1950년대, 1960년대에는 그런 국가 개입과 '계획' 모델이 비교적 취약한 자본주의 국가 통치자들의 마음을 꽤 잡아끌었다. 무솔리니 하의 이탈리아에서는 1930년대 위기를 맞아 새로운 산업을 증강하려고 거대한 두 국영기업, IRI와 ENI를 설립했다. 브라질과 아르헨티나에서는 독재 정권이 국영기업을 경제의 최선두에 세워 놓았다. 인도, 이집트, 시리아, 이라크, 알제리처럼 과거 식민지였던 나라의 지배자들은 국가 소유 확대와 5개년 계획이 공업화를 안겨 줄 것이라고 기대했다. 대만을 지배했던 국민당이나 한국의 군사독재 정권도 마찬가지였다. 프랑스의 우파 정부는 이른바 '지시적 계획indicative planning'이라는 방법을 채택했고, 한편 영국에서도 1966년 간단한 장기계획안(사산되고 만)을 작성한 바 있다.

어디서나 동기는 스탈린이 품었던 것과 똑같았다. 경쟁력이 약한 자본주의 국가의 지배자들은 자금을 끌어 모아 주고 세계시장의 동요에서 직접 영향 받지 않도록 자신들을 보호해 줄 국가가 필요했다. 그렇지 않으면, 자기네보다 더 거대하고 쟁쟁한 상대국의 기업과 맞대결할 수가 없었다.

그래서 국가 개입이 반드시 필요하고 '계획'은 유익한 것이라는 주장이 거의 반세기 동안 자본주의 경제학의 정설로 자리 잡았다.

서방에서는 케인스가 이런 교리의 선두 주자였고, 러시아에서는 이오시프 스탈린이 그 일을 수행했다. 그들은 전혀 딴판인 ― 한쪽은 자유주의 사상을 지닌 학자이자 직접 주식거래에서 큰 재산을 벌어들인 바 있는 공무원이었고, 다른 한쪽은 흉악한 독재자였다 ― 인물들이다. 전자를 지지하는 사람들은 사회민주당원이나 노동당원이기가 쉬웠고, 후자를 지지하는 사람들은 그들의 영원한

앙숙인 스탈린주의 정당을 지지하기가 쉬웠다. 그러나 그들은 한 가지 중요한 생각을 공유했다. 다들 하나같이, 기존 국가를 인수한 뒤 그것을 이용해 국민경제를 통제하면 위기를 막을 수 있고 틀림 없이 산업 발전을 계속할 수 있을 거라 믿었던 것이다.

환상의 종착역

앞서 살펴봤듯이, 1932년과 1962년 사이의 30년 동안 자본주의 체 제는 팔자가 구겨졌다 펴졌다 하며 엄청난 기복을 겪었다.

1932년에는 마르크스가 체제에 대해 예언한 바가 모두 적중하 는 것처럼 보였다. 일찍이 없었던 재앙적 위기가 심화되고 있었다. 세계 최대의 두 공업 경제 — 독일과 미국 — 에서 실업자가 인구의 3분의 1에 달했다. 선진국의 중간계급 수백만 명조차 노동자 대중 과 별 다를 바 없는 절망적 처지에 놓여 있었다. 식민지 국가들에서 는 원료 값이 폭락해서 사상 최대로 많은 사람들을 끔찍한 빈곤의 늪에 빠뜨렸다. 헤어날 수 없을 듯한 위기의 심연에서, 독일 히틀러 의 등장과 더불어 역사상 가장 야만적인 독재 정권들이 번식하고 있었다. 자본주의가 산산조각 나지 않는 다음에야 어디서도 희망 은 보이지 않았다.

1956년 노동당의 대표적 우파인 앤서니 크로스랜드가 자기 젊 은 시절의 분위기를 표현한 대로,

1930년대에 마르크스주의적 분석이 그렇게 사회 구석구석에 고루 영향을 미친 것은 영국 노동운동사에서 유례가 없는 커다란 지적 흥분의 반영이었다. …… 세계 자본주의를 빨아들이고 있는 듯한 대大재앙을 설명해 줄 철저한 분석이 필요하다는 것을 점점 더 많은 사람들이 절감했다. ……

그로부터 사반세기가 지난 뒤, 사태는 전혀 달라 보였다. 모든 선진 공업국들에서는 완전고용이 이뤄졌다. 자본주의 체제에 일찍이 없었던 장기 호황과 함께 생산이 거침없이 계속 확대되고 있는 듯했다. 실질임금이 해마다 상승하는 한편, 심지어 우파 정부까지도 빈민들과 병자들과 노인들을 돌볼 복지시설을 제공했다. 의회 민주주의가 선진국에서 정착되고 점차 유럽 남부의 중진국에까지 침투하기 시작하면서, 나치즘은 먼 옛날의 악몽처럼 아련해진 것 같았다.

한때는 마르크스주의에 대한 신념을 내보이던 많은 지식인들이 이제 더는 마르크스주의가 적용되지 않는다고 주장하게 된 이면에는 이런 배경이 깔려 있었다. 그들은 당시에 유행하던 정설을 받아들여, 이제 위기는 과거지사가 됐고 계급투쟁은 물 건너갔다고 생각했다. 그들은 자본주의가 서서히 후기 자본주의적인 '풍요' 사회로 이행하고 있다고 주장했다. 그리고 그런 '풍요' 사회의 유일한 논쟁거리는 무한한 부의 혜택과 계속 늘어가는 여가 시간을 어떻게 정확하게 골고루 전파할 것인가 하는 것이라고 생각했다.

크로스랜드는 아주 강력한 효력을 발휘한 책, ≪사회주의의 미래≫에서 이런 주장을 펼치고 있다.

자본주의의 '내적 모순'이 처음에는 대중을 점차 빈민으로 만들다가 급기야 전 체제의 붕괴로 나아간다는 믿음이 잘못됐음이 지금껏 분명하게 입증됐다. …… 불황 대신 완전고용이 자리 잡았고, 불안정은 월등히 줄어들었으며, 성장률은 눈에 띄게 증가했다. …… 현재 성장률이 계속 유지될 것이며, 앞으로는 실업보다 인플레이션이 더 두드러질 듯하다. …… 1914년 이전의 전통적 자본주의에서 나타났던 기본 특징들은 이제 거의 모두 상당히 수정됐거나 완전히 바뀌었다.

이렇게 된 것은, 이윤에만 골몰하는 종래의 자본가들에게서 핵심적인 경제 결정권을 국가가 빼앗아 와 직접 관장하는 데 성공했기 때문이라고 그는 주장했다.

자본주의 경영자 계급은 이제 명령을 내리는 처지가 못 된다. …… 경제력의 결정적 원천과 수단이 개인에게서 다른 존재에게로 양도됐다. …… 정부는 기타 기구의 보조와 함께 주로 예산안을 통해 집무를 수행하기 때문에 소득 분배에 마음껏 영향력을 발휘할 수 있으며, 총생산량을 소비, 투자, 수출, 사회복지비 등으로 분배하는 것도 여유 있게 결정할 수 있다. …… 자본시장과 금융기관의 경제력이 매우 약화됐으며, 따라서 산업에 대한 자본가의 금융통제권도 더욱 약화됐다. 이렇게 변화된 마당에 자본가 지배 계급 운운하는 것은 어처구니없는 일이다.

1959년 영국 노동당 지도부가 40년간 내걸었던 공약인 "생산, 분배, 교환 수단의 공동소유"를 폐기하려고 처음으로 공동 노력을 기울였던 것도 바로 이런 주장에 넘어갔기 때문이었다. 결국 지도 부는 개종을 포기했지만, 체제에 대한 정치적 도전을 더는 중요하 게 생각하지 않는 많은 노동자들에게는 이런 주장이 상당한 공감 을 불러일으켰다.

그로부터 20년 뒤, 상황은 다시 돌변했다. 1974~1976년의 경기 후퇴와 더불어 전후 대호황이 막을 내리자, 크로스랜드 같은 작자 들이 철석같이 믿고 있던 케인스주의적 방법이 더는 먹혀들지 않 는 것 같았다.

이제 크로스랜드는 자신의 예전 주장이 너무 경솔했다고 인정 했다. 비록 여전히 그 핵심은 지키려 애썼지만 말이다. 1974년에 그는 "가난이 제거되기는커녕 아직도 극심한 계급 불평등이 남아 있고, 경제는 반半영구적 위기 상태에 놓여 있으며, 인플레이션이 미친 듯이 날뛰고 있다" 하고 쓰고 있다. "영국 사회 — 굼뜨고 경 직되고 계급 억압에 시달리는 — 를 변화시키기는 생각했던 것보 다 더 힘들다는 것이 입증됐다. …… 초기의 수정주의적인 글의 어 조는 지나치게 자기 만족적이었다. ……"

그 뒤 2년 사이에, 케인스주의적 방법으로는 경기후퇴를 해결할 수 없음이 분명해졌다. 그러자 이제껏 케인스주의를 신봉하던 실로 수백 명의 학자들과 경제 평론가들은 1930년대 이전의 정설인 '통화주의' 쪽으로 방향을 확 틀었다. 정치가들도 재빨리 그 무리에 합류했다. 영국 노동당 정부의 수상이었던 제임스 캘러헌은 1976년 당대회에서 공식적으로 새로운 원리를 채택했다.

전에 우리는 세금을 줄이고 정부 차입을 늘리면 경기후퇴에서 벗어날 수 있다고 생각했습니다. …… 이제 더는 그러한 선택이 존재하지 않습니다. 전에 그런 방법이 효과가 있었을지라도 그것은 경제에 인플레이션을 불러일으키는 역효과도 냈습니다. 그리고 그런 일이 벌어질 때마다 평균 실업 수준은 더 올라갔습니다.

캘러헌의 정부가 케인스주의의 '대안'이라고 내놓은 것은 복지 예산에서 80억 파운드(오늘날로 치면 200억 파운드가 넘는다)를 삭감하는 국제통화기금의 계획안을 강제로 밀어붙이는 동시에 실업률이 두 배 이상 뛰도록 방치하는 것이었다.

노동당 우파측에서도 사태가 돌아가는 지경에 충격 받은 고위인사들이 두세 명 정도 있었다. 1956년에 영국이 더는 자본주의 사회가 아니라고 주장한 바 있는 크로스랜드는 이제 넋을 잃고 있는 재무성 관리들에게 이렇게 말했다. "국제통화기금은 자본가 단체 잖소. 사회주의 정부가 그런 단체가 강요하는 철학을 받아들여야

하다니 정말 참을 수 없는 일이오."

그러나 크로스랜드 같은 사람들은 노동당 정부의 다른 사람들의 견해를 뒤바꿀 수 없다는 점을 깨달았다. 그들이 국제통화기금 계획안에 대해 내놓을 수 있는 유일한 대안은 1930년대에 전 세계 정부들이 일제히 실시했던 수입 규제를 부과하는 것이었다. 그러나 주변 사람들은 그게 소용없을 거라고 주장했고, 결국 그들은 한때 다시는 필요 없을 거라고 케인스주의자들이 말했던 바로 그 정책, 실업과 복지삭감 정책에 항복하고 말았다.

영국 노동당 정부의 경험은 그들만의 별난 경험이 아니었다. 1980년대 프랑스에서도 같은 일이 있었다. 미테랑의 사회당 정부가 케인스주의적 '리플레이션' 정책을 포기하고 대신 거의 400만명의 실업자를 낳은 정책으로 돌아섰던 것이다. 그런 일은 스웨덴에서도 되풀이됐다. 사회민주당 정부가 추진한 정책이 전형적인 사회민주주의의 꿈나라를 14퍼센트의 실업률에 시달리게 만들었다.

케인스주의가 먹혀들지 않는다는 것이 준엄한 현실이었다.

1980년대 초에도 한동안 영국 노동당 좌파가 케인스주의 정책을 부활시키려고 꾀한 적이 있었다. 그들은 '대안적인 경제 전략'을 공들여 만들어서는 그것을 '사회주의적'이라고 일컬었다. 사실상 그 핵심에는, 수입 규제를 비롯한 고도의 국가 통제가 경제의 사적 자본 부문을 경기후퇴에서 구해낼 수 있다는 케인스와 크로스랜드의 해묵은 신념이 자리 잡고 있었다. 여하튼 1980년대 말에는, 그 정책을 지지했던 가장 유명한 인물들 다수가 이미 그것을 포기한 상태였다. 로빈 쿡, 데이비드 블런켓, 클레어 쇼트 같은 예전 좌파 지도자들이 당 규약에 "시장의 냉혹함"을 지지하는 새로운 제4절을 서둘러 끼워 넣었다.

치명적 결함

서방에서 '케인스주의적' 국가 개입이 자본주의 위기를 막는 데 실패한 것과 나란히 동유럽에서는 스탈린주의 경제가 위기로 미끄러져 들어가고 있었다. 이것은 국가가 자본주의의 불합리함을 극복해 주리라 기대하던 서방 사람들이나 '제3세계' 사람들을 더욱 혼란에 빠뜨렸다. 동유럽 경제가 한 발 한 발 성장해 가는 듯했던 동안에는 그것을 본보기 삼아 서방에서도 국가 통제로 투자와 경쟁력을 높이려는 정책을 합리화하곤 했다. 많은 좌파들은 스탈린주의가 어떻게든 의회민주주의와 결합할 수만 있으면, 개혁 프로그램을 실행해 위기를 탈출할 방법이 있다고 주장했다.

그러나 1980년대 들어 동유럽 국가들이 경제적으로 붕괴하기 시작하고 있다는 게 분명해지자 그런 견해는 현실의 사태를 버텨내지 못했다. 폴란드는 1970년대 말과 1980년대 초 호황과 불황의 독특한 교체를 — 그리고 그 과정에서 노동자 대중투쟁인 연대노조 투쟁이 성장했다가 군사 통치에 분쇄당한 것을 — 경험하게 됐다. 1986년 이후 소련의 지도자 미하일 고르바초프는 소련 경제가 '경기침체stagnation'에 시달리고 있다고 폭로했다. 그리고 마침내 이 경기침체가 양 세계대전 사이에 있었던 서방의 불황과 맞먹는 엄청난 불황으로 바뀌게 되면서 고르바초프 자신의 자리가 날아갔다.

베를린 장벽이 무너지고 소련이 해체되자, 사회주의를 스탈린과 케인스주의의 혼합쯤으로 봤던 사람들 가운데 다수가 이제는 자본주의가 사회주의보다 우월한 게 입증됐다고 주장하고 나섰다.

그러나 실제로 실패한 것은 사회주의가 아니라 국가자본주의로 시장 자본주의의 고질적 위기를 극복해 보려던 전략이었다. 이 전략은 증폭되는 위기 앞에서 지배자들이나 피지배자들이나 다 같이 속수무책으로 꼼짝 못하게 — 1990년대에 시작된 심각한 경기후퇴에 시달리는 서방의 모습이나 민영화와 시장으로 심화되는 위기를 막는 데 실패한 동유럽의 모습에서 볼 수 있듯이 — 만들어 버렸다.

자본주의의 역사에서 군사적 국가자본주의 방법이 위기를 막을 수 있었던 국면이 있긴 있었다. 그러나 그 국면은 이미 지나갔다. 이제 정부가 제 아무리 노력한다 해도 다시 상황을 진정시키기는 불가능했다.

밴스와 키드런 같은 사람들은 전후 호황의 절정기에 군사적 국가자본주의에 대해 다루었던 선구적 마르크스주의 연구에서 일찍이 이런 일을 예견한 바 있다. 1950년대와 1960년대에 그들은 케인스주의자들이나 스탈린주의 옹호자들이 하나같이 보지 못했던 군사적 국가자본주의의 내재적 결함을 지적했다.

첫째로, 열강간의 경쟁 때문에 군사적 국가자본주의는 노동자

한 사람당 자본투자량이 점점 더 엄청나게 많아지는 군사적 생산 형태를 취하게 됐다. 대표적인 예로, 폭격기 생산은 점점 더 미사일 생산으로 대체됐고, 전함 생산은 핵잠수함 생산으로 대체됐다. 한 때는 12만 명을 고용했던 시애틀의 보잉기 생산공장 같은 데서 절 반 이상을 해고하곤 했다. 결과적으로 1950년대 초 경제 전체에 완 전고용을 제공했던 군비지출 수준으로는 1970년대 초에는 그렇게 하기가 불가능해졌다.

둘째로, 열강들의 군비 지출은 군비에 직접 많은 돈을 쓸 수 없 는 더 작은 나라들에게 시장을 제공했다. 그래서 국민생산의 8퍼센 트 이상을 군비에 지출하는 미국이 0.5퍼센트 미만을 지출하는 일 본에서 텔레비전과 자동차와 강철제품을 사들이는 것이다. 일본은 그 나머지 돈으로 민간산업을 갱신하는 데 막대한 자금을 쏟아 부 을 수 있었다.

군비 생산 수준이 낮은 나라의 공업은 군비 생산 수준이 높은 상 대국들보다 더 빠르게 성장했다. 그 결과 그들이 세계 체제에서 차 지하는 비중은 20~30년 전보다 월등히 커졌다. 동시에 군비 생산 수준이 높은 나라들은 민간산업 부문에서 경쟁하기 위해 자금을 군비 쪽에서 민간산업 쪽으로 전환하도록 압력을 받았다. 예컨대 미국에서는 국민생산에서 군비 지출이 차지하는 비율이 1950년대 초의 12퍼센트 정도에서 1970년대에는 7퍼센트 정도로 하락했다.

그러나 세계 체제에서 투자할 수 있는 자금 가운데서 군비 생산 에 지출되는 돈의 비율이 전반적으로 하락함에 따라, 체제 전체에 경제적 불안정을 일으키는 예전의 세력들이 모두 되살아나기 시작했다. 그 결과, 유럽 주요 경제들을 한꺼번에 덮쳤던 1930년대 이후 첫 경기후퇴가 1970년대에 발생했다. 또한 이때에는 마르크스가 지적했던 오랜 경향들 — 체제 전체에 걸쳐 고용된 노동력보다 투자가 훨씬 더 빨리 증가하는 경향과 이윤율 저하 경향 — 이 어마어마한 규모로 다시 등장했다.

마지막으로, 대호황기에 발전한 세 번째 추세는 각국 정부의 위기대처 능력을 치명적으로 손상시켰다.

체제의 몸집이 엄청나게 부풀면서 세계무역도 세계경제 생산의 2배 정도로 엄청나게 성장했다. 평일 하루에 각국 은행들간에 순환되는 자금에 비하면 각 국민정부의 외환 예치금은 초라하기 짝이 없었다. 때문에 이들 정부는 자본가들이 자기네 자금으로 무슨 일을 하고 있는지 감독하기가 점점 더 힘들어졌다. 예컨대, 1950년대에는 대개의 정부들이 자국 화폐에 고정환율을 실시할 수 있다고 생각했지만, 1980년대 말에는 많은 정부가 그게 불가능하다고 깨닫게 됐다.

무역의 성장에는 금융과 생산의 국제화가 뒤따랐다. 국경을 넘나들며 활동하는 기업들만이 최신 과학 기술에 투자할 수 있었기 때문이다. 한줌의 거대 다국적기업들이 항공기 산업, 컴퓨터와 소프트웨어 산업, 자동차 산업, 원격통신 산업, 조선업 등을 두루 지배하게 됐다.

자국 기업들과 이들 다국적기업들간의 합작을 금지했던 자본가

정부들은 최신 기술에 뒤떨어질 것을 각오해야 했다. 그러나 한편으로 합작을 택한 정부들은, 국가의 자본주의적 안정성은 뒷전이고 국제적인 이윤에만 골몰하는 다국적 자본가들에게 핵심 산업부문의 통제권을 넘겨줘야 했다.

반세기 동안 겪지 못했던 대규모 위기가 분출할수록 정부들은 점점 더 무능력을 드러냈다. 1976~1977년의 영국과 1981~1982년의 프랑스에서는 정부가 '케인스주의적 방법'을 살짝 건드리기만 했는데도 당장에 '통화가 증발해 버리는' 바람에 손발이 꽁꽁 묶여 버리기도 했다.

수많은 '제3세계' 국가들과 '신흥공업국'들의 정치지도자들은 1980년대의 험난한 과정에서 똑같은 교훈을 배웠다. 경제에 위기의 징후들이 엿보이기 시작하자마자 그들은 IMF와 세계은행World Bank이 제공한 '구조조정 계획'과 시장을 부리나케 받아들였다. 국가자본주의가 추락하고 있는 곳에서 '자유 시장' 자본주의가 성공을 거둘 거라는 부질없는 희망을 품고서 말이다.

동구권 국가들에서도 사정은 별반 다르지 않았다. 그들의 성장률은 계속 하락했고, 비좁은 국경 안에서 덩치 큰 서방 경제들과 경쟁하려고 하면 할수록 그들의 경제는 점점 더 불구가 돼 갔다. 동구권 경제들 가운데 최대라는 소련 경제도 그토록 군비 생산을 따라가려고 애썼던 미국 경제의 몸집에 비하면 절반에도 못 미쳤다. 1980년대의 '제2차 냉전'으로 미국이 또 한 차례 군비 지출을 감행했을 때, 소련은 더는 상대가 안 된다는 것을 불현듯 깨달았다.

여기서 벗어날 방법은 오로지 중앙 지도의 군사적 국가자본주의 경제를 포기하고, 통제되지 않는 세계시장의 예측 불가능한 기복과 자유로운 움직임에 몸을 내맡기는 길뿐인 듯했다.

이렇게 해서 헝가리와 폴란드에서 중국, 베트남에 이르기까지 모든 동구권 국가의 지배자들은 '사회주의'가 실패했다는 것을 갑작스레 '발견' — 옛 국가자본주의를 흠모했던 서방과 '제3세계'의 모든 숭배자들의 믿음을 산산조각 낸 발견 — 했다. 또한 이렇게 해서, 서방과 '제3세계'에서 일평생 사회주의자였던 많은 사람들이 1989~1990년 사이에 시장경제의 환희를 부둥켜안는 희한한 광경이 펼쳐졌다. 그러나 바로 그때 시장경제는 마르크스가 그 가면을 벗겨 버린 이래 본질적으로 달라진 게 없다는 점을 입증해 보인 또한 번의 파괴적인 경기후퇴로 막 들어서고 있었다.

5장
산산조각 나는 세계

새로운 단계

막다른 골목

개혁주의의 마지막 발악

사회주의인가 야만주의인가

새로운 단계

1990년대 중반의 자본주의와 1950년대 중반의 자본주의는 1950년
대 중반과 1930년대 초의 자본주의만큼이나 서로 달라 보인다. 우
리는 또다시 높은 실업 수준과 거듭되는 경기후퇴, 그리고 거대한
빈곤의 늪에 마주 서 있다.

　과잉생산에는 복지 예산 삭감과 임금 억제 압력이 뒤따르고, 이
것은 생산물 시장을 더 한층 축소시킨다. 심지어 현 체제를 지지하
는 사람들 사이에서도 체제의 앞날에 대한 절망이 만연해 있다. 윌
허턴은 영국에 대해 묘사하면서 전반적 분위기를 요약하고 있다.

　일의 성격과 유용성에 대해, 그리고 그것이 사회의 모든 측면 ―
　아이들 양육에서 점점 더 황폐해지는 도시에 이르기까지 ― 에 미
　치는 함의에 대해 모든 계급에 걸쳐 아주 당연한 위기의식이 고조
　돼 있다. …… 불안정, 저임금, 재능의 허비가 만연해, 한때는 신
　성하게 여겨졌던 전문 직종들과 직업들까지도 이런 문제에 시달
　리고 있다.

이 나라 취업연령층 남성들의 4명 가운데 1명은 현재 직업이 없거나 일이 없어 노는 상태다. …… 가난하게 사는 사람들의 숫자는 무시무시한 비율로 늘어났고, 사회적 압박 — 가정파탄에서 범죄 증가에 이르기까지 — 의 계기판 바늘은 하루가 다르게 높아만 간다. …… 3명 가운데 1명의 아이들이 가난 속에서 자라난다.……

거만한 관리층이 자기네가 지배하는 다른 계급들에게 철저히 무관심한 가운데, 이 나라의 내분은 점점 더 심해진다. 교육, 직업, 주택 공급, 연금 등 모든 것이 이들 특권 계급에게 유리하다. 정반대편에서는 점점 더 많은 사람들이 자신을 새로운 근로 빈민이라거나 반半빈곤상태에서 근근이 살아가고 있다고 깨닫는다. …… 이 둘 사이에서는 끝없는 '군살빼기', '비용 절감', '임시직 확대'의 시대에 일자리를 잃을까 걱정하며, 자기가 웬만한 생활수준을 유지할 능력이 있을지 속 태우는 불안정한 사람들이 갈수록 늘어가고 있다.

허턴은 이런 사태의 책임을 일반적인 자본주의의 추세 탓으로 돌리지 않고, 영국적 자본주의 형태의 특성 탓으로 돌리려 애쓴다. 그는 런던시 금융기관들이 영국적 자본주의 형태를 왜곡시켰다고 주장한다. 그러나 그는 다음과 같이 인정하지 않을 수 없었다.

영국에서 벌어지고 있는 일은 다른 데서 벌어지는 일이 좀 더 심각하게 변형된 것일 뿐이다. …… 영국과 유사한 경험이 한 가지도 없다고 말할 수 있는 나라는 아마 유럽에 하나도 없을 것이다. …… 미국에서도 직업의 불안정성이 고질적이고, 최하층 노동인구 10퍼센트의 임금이 영국의 해당 집단의 경우보다 25퍼센트 정도나 더 낮다. …… 미국에서 거의 다섯 군데 일자리 가운데 한 군데는 4인 가족을 부양할 만큼의 수입도 올리기가 힘들다.

1950년대와 1960년대 '풍요사회론'을 주장했던 저명한 이론가들 가운데 하나가 갤브레이스였다. 그가 현재의 미국을 묘사한 글은 허턴의 영국 묘사만큼이나 신랄하다.

1988년에 최상층 1퍼센트의 가정이 평균 61만 7000달러(일주일에 약 8000파운드)의 연간 소득을 올렸으며, 세금을 포함한 전체 소득 가운데 13.5퍼센트를 차지했다. …… 최상층 20퍼센트는 1년에 5만 달러(일주일에 약 700파운드) 이상의 소득으로 어느 정도 안락한 생활을 하고 있었다. 그들은 세금을 포함한 전체 소득의 51.8퍼센트를 차지했다. …… [그들의 — 하먼] 평안과 경제적 안녕이 뒷받침되고 강화될 수 있는 것은, 대단히 유용하고 없어서는 안 되는 다수 계급, 그러면서도 이 풍족한 공동체의 쾌적한 생활을 공유하지 못하는 계급이 현대 사회에 존재하는 덕분이다. …… [이 계급은 — 하먼] 더 커다란 경제적 과정의 필수적 구성 부분으로서 이 풍족한 공동체의 생활수준이나 평안에 이바지한다. 경제적 행운아들은 이 계급의 존재에 크게 의존하고 있다. …… 우리 경제에서 가난한 사람들은, 운 좋은 사람들은 하지도 않고 분명히 꺼려하고 비참하게까지 생각할 그런 일을 하도록 요구받는다.

갤브레이스는 오락가락한 나머지 3분의 2의 사람들이 '만족한 다수'라고 — 그러나 그가 말하는 것은 일부러 투표를 하는 사람들(유권자의 절반)의 3분의 2이지 성인 인구 전체의 3분의 2가 아니다 — 이야기한다. 사실상, 미국 인구 대다수가 처한 상황은 지난 15년간 계속 나빠지고 있으며, 80퍼센트의 가정이 소득 감소를 경험하고 있고, 중간 정도 임금을 받는 노동자들의 경우 5퍼센트 정도 소득이 줄었다고 그는 지적한다.

또한 갤브레이스는, "자본주의가 본질적으로 불안정, 경기후퇴, 불황으로 향하는 경향"이 있으며 "경제체제가 소비자나 노동자들, 일반 서민들은 물론이고 그 자체의 내부까지도 가차없이 공격하는 경향"이 강하다고 주장한다. "장기적인 경제적 폐지 상태 때문에 경기후퇴와 불황이 악화되고, 자주국방 속에는 위험이 도사리고 있으며, 깊어 가는 상실과 절망으로 도시 빈민가에서는 불안이 증폭되고 있다" 하고 글을 쓴 바 있다.

갤브레이스는 오늘날의 미국과 해체 직전 몇 해 동안의 소련을 견주어 보기까지 한다.

사회적 통념상, 동유럽의 폭발적 사건에 버금갈 만한 일이 미국이나 영국에서도 있을지 모른다는 것은 상상도 못할 일이었다. 공산주의는 실패했고 자본주의가 승리했기 때문이다. 성공한 체제에도 똑같이 은폐된 심상찮은 결함이 숨어 있다고 깨달을 만큼 비관적인 사람이 어디 있었겠는가? 그러나 불행하게도 그런 결함은 잠복해 있었다.

물론 보수당의 우파 경제학자들이 사태에 대해 그렇게 신랄한 고발을 할 리는 없다. 그들은 아직도 소련과 동유럽 국영경제의 붕괴를 축하하느라 열심이기 때문이다. 그러나 체제가 1950년대나 1980년대 중반에 얘기된 것보다 훨씬 더 파괴적인 방식으로 돌아가고 있음을 그들도 인정하지 않을 수 없다.

예전 보수당 정부의 장관이었던 나이젤 로손은 자기 후임자인 클라크가 호황과 불황이라는 '경기순환'의 불가피성을 이해하지 못한다며 버젓이 공격한다. 〈파이낸셜 타임즈〉의 사무엘 브리턴은 예전에 통화주의의 광신도였다. 그런 그도 지금은 "깊숙이 자리 잡은 요인들, 예컨대 모든 나라들에서 "평생직장"이 폐지되면서 직업 불안정성이 증폭되는 추세 등"이 있다고 당황스럽게 얘기한다. 보수당 신문들은 한편으론 '노동절약'을 외치고 '케케묵은 스페인식 관행'을 호되게 비난하면서 더 고되게 일하라고 계속 몰아세운다. 그렇지만 다른 한편에서는 "과로 : 중간계급 전염병" 같은 머리기사에서 갈수록 가중되는 직장인들의 스트레스를 되비춰 보이기도 한다.

한편, '신우파'는 복지보조금 삭감을 요구함으로써 도리어 체제 안의 많은 사람들에게 희망을 줄 수 없는 체제의 무능력을 인정하고 있다. 심지어 미국의 깅그리치 같은 작자는 19세기의 구빈원이 '밑바닥 계층'을 다루는 좋은 방법이라며 극구 칭찬한 바 있다.

이런 메시지는 1950년대의 경우와는 아주 딴판이다. 그 당시에는 미국의 아이젠하워나 영국의 맥밀란 같은 보수 정치가들도 모든 사람들에게 더 나은 삶을 약속했다. 아메리칸 드림은 단지 꼭대기에 있는 몇몇의 성공만이 아니라 제일 밑바닥 계층의 안정된 삶을 가리키기도 했다.

또한 영국 보수당 정부는 "지금은 우리가 모두 노동계급이다"거나 "여러분은 지금껏 너무 고생만 하며 살아왔다"는 구호를 내걸고 선거에서 승리했다. 지금의 상황은 1980년대하고도 딴판이다. 당시 미국의 레이건과 영국의 대처는 부자들의 부를 가난한 사람들에게 '한 방울씩 떨어뜨리며' '국민의 자본주의'를 약속했다.

20세기의 마지막 25년 동안 체제가 새로운 국면 ― 20세기 첫 25년과 상당히 비슷하지만 훨씬 더 규모가 큰 ― 에 접어들었다는 것은 중도 좌파나 중도 우파나 모두 나름대로 인정하고 있다.

빠듯한 통계자료들이 그 증거다. 1970년대 중반 이래 모든 선진국들과 제3세계 여러 나라, 그리고 동아시아 쪽을 제외한 거의 모든 '신흥공업국'들에서 성장률이 25년 전보다 낮은 수준을 맴돌고 있다.

고용인 1인 당 평균 실질 GDP 성장률

	1960~1968년	1979~1988년
미 국	2.6	0.9
일 본	8.8	3.1
서 독	4.2	1.9
프 랑 스	4.9	2.4
영 국	2.7	2.6
이탈리아	6.3	1.6

실업률도 이 기간 동안 대체로 상승했다. 선진국에서는 8~10퍼센트, 심지어 20퍼센트(스페인과 아일랜드의 경우)가 일반적인 수준이다. UN이 추산한 바로는, 전 세계적으로 10억 인구가 실업 상태라고 한다. 세계경제에서 가장 빠르게 성장하고 있는 지역인 이른바 '중국 경제권'(중국, 홍콩, 대만, 싱가포르)에서도 성장이 특정지역에 편중돼 있어서, 광대한 중국 본토의 벽지에서는 시골의 가난에서 기를 쓰고 벗어나려 해도 도시에서 일자리를 얻지 못하는 사람들이 수억 명에 이른다.

성장률의 둔화는, 작업 속도를 높이고 임금을 억제하는 온갖 압력에도 평균이윤율이 하락하고 있음을 반영한다. 1980년대 말 미국과 유럽연합EU의 평균이윤율은 1950년대, 1960년대 수준의 60퍼센트 정도에 불과했다.

기업들은 지금껏 해온 대로 저마다 노동력 비용 삭감과 '자본집약적' 투자를 확대해서 자기 위치를 회복하려 애쓰는 것으로 이윤율 압박에 응수했다.

노동에 대한 자본의 비율은 전 세계적으로 증가했다. 미국의 '생산적 산업'에서는 1977년부터 1987년 사이에 이 비율이 해마다 2.4퍼센트씩 증가했으며, 전체 영국 경제에서는 1980년대 동안 해마다 2퍼센트씩 증가했다. 중국 산업의 경우에는 1985년과 1990년 사이에 두 배로 늘어났고, 라틴아메리카에서는 1980년대 동안 노동자 1인당 자본투자가 2000달러씩 증가했다. 그러나 이것은 신규 투자가 제공하는 새로운 일자리가 점점 더 줄어듦을 뜻한다. '경쟁력 없는' 구식 산업 부문에서 일하는 사람들은 기술적으로 발전된 새 부문에서 일자리를 보장받지 못한 채 그냥 직장에서 쫓겨나고 있다.

갈수록 노동이 더 적게 드는 생산이 확장된다면, 지난 5000년간 인류가 꿈꿔 온 유토피아의 실현으로 — 인간을 쇠약하게 만드는 궁핍이 없는 세상으로, 노동의 압박에서 자유로운 세상으로, 진정한 창의력의 여가를 누리는 세상으로 — 나아갈 수 있을 것이다. 그렇지만 현존 체제에서는 도리어 그런 움직임이 파괴적인 두 가지 모순으로 귀결될 뿐이다. 투자 수준과 그 투자를 유지하는 데 필요한 이윤 수준 사이의 불균형이 심화되고 있다. 그리고 경제의 잠재 생산량과 '유효 수요'를 제공하는 사람들의 지불 능력 사이에도 갈수록 큰 격차가 벌어지고 있다.

생산적 자본축적은 이따금 발작처럼 — 갑자기 끓어올라 낡은 직업들을 없애 버리지만 수익성을 염려하다가 다시 갑자기 삐거덕거리며 멈춰 서서는 새로운 직업의 창출을 가로막는 식으로 ― 일어난다. 기업들은 경쟁 상대보다 앞서려고 노동자들을 썩둑 잘라내고, 남아 있는 노동자들에게는 더 등골 빠지게 일하라고 명령한다. 경쟁이 계속 더 치열해질수록, 기업들은 비생산적 경쟁 ― 마케팅과 광고비 지출, 판촉과 포장 등 ― 에 더욱 막대한 자금을 쏟아붓는다. 그리고 산업 평균이윤율이 하락하려고 하면, 반드시 투기를 통해서든, 세계 주식시장이나 사무소 단지·땅 값을 통해서든, 상품 시장이나 외화를 통해서든 간에 이윤이 나올 구석마다 거품을 물고 덤벼든다. 노동과 기계를 사용한 실질적인 부 창출 과정에서 떼어 왔을 게 분명한 수조 달러가 정크본드[수익은 높지만 위험 정도도 높은 채권 ― 옮긴이]나 파생금융상품을 통해 전 세계 금융계로 흘러들어 간다.

체제가 새로운 국면에 접어들었는지도 모른다. 그러나 체제의 작동 방식은 새삼스러울 게 없다. 본질에서는 정확하게 마르크스가 설명했던 방식 그대로이기 때문이다.

마르크스가 '시대에 뒤졌다'고 말할 수 있다면, 그것은 그가 생각했던 것보다 체제가 더 합리적이어서가 아니라, 오로지 그의 그림이 체제의 파괴성을 너무 줄여 표현했다는 뜻에서만 맞는 말이다. 자본가들은 단순히 시장에서만 서로 다투는 게 아니다. 그들은 국가를 이용해 군사적 위용 과시로 경제 전쟁을 지원사격하며 상대편 자본가들에게 자기네 명령을 따르라고 강요한다. 예컨대, 미국 자본주의가 유럽과 일본의 자본주의더러 자기 말을 들으라고 설득할 때에도, 중동의 산유국 요지에서 전쟁을 치를 군사력을 가진 건 미국뿐이라는 조건을 내건다. 옛 소련의 남쪽 지방에서 이란과 터키 자본가들이 서로 계약을 따내려고 세력 다툼을 할 때도, 저마다 자기네 국가의 도움에 등을 기댄다. 한때 소련이 관리했던 발칸반도에서 터키와 그리스 자본가들이 서로 지배적인 위치를 점하려고 덤빌 때에도, 소형 군비경쟁이 불붙는다. 옛 유고슬라비아의 끔찍한 내전에서는 독일이 크로아티아를 밀어주고, 미국은 보스니아 무슬림들을, 그리스는 세르비아를 밀어주고 있다. 러시아 군대는 체첸을 관통하는 긴요한 송유관과 아프가니스탄과 인접한 타지키스탄의 통제권을 장악하려고 악랄한 전쟁까지 불사한다. 중국, 필리핀, 말레이시아, 베트남은 지난해 무인도 근처에 석유 보호지 지정 계획의 주도권을 둘러싸고 충돌을 벌이고 있고, 이스라엘은 아랍 반도의 경제적 영향권에서 이집트를 떼어내 가져오려고 애쓰고 있다.

결과적으로, 세계 곳곳에서 가장 무시무시한 '재래형(비핵)' 무기를 사용하는 예닐곱 군데의 전쟁이나 내전이 한시도 끊일 새가 없다.

학살과 파괴가 갈수록 많은 인류를 괴롭히는 것과 나란히, 마르크스 당시에는 별로 보이지 않았던 또 다른 위험 ― 우리의 생존이 달려 있는 자연환경 파괴의 위험 ― 이 우리에게 닥쳐 있다. 미친 듯한 자본축적 드라이브가 결국에는 토양과 공기를 더럽히고 오염시키며, 불량 식품을 만들어 내고, 무서운 전염병을 퍼뜨리게 된다는 것을 마르크스와 엥겔스는 충분히 꿰뚫고 있었다. 엥겔스는 자신의 책 ≪반뒤링론≫에서 이런 사실을 생생하게 지적한 바 있다. 그러나 그들이 살았던 당시는 자본주의 산업이 지구에서 비교적 좁은 지역에만 한정돼 있고 파괴가 국지적 수준에 머물렀던 시기였다. 그래서 주로 특정 공장이나 제조소, 탄광촌 등에서 일하는 노동자들에게 피해를 입혔다. 그러나 오늘날 자본주의 산업은 전 지구적 규모로 돌아가고 있으며, 지구 전체의 자연에 그 영향이 미치고 있다. 예컨대, 체르노빌의 방사능 낙진이 유럽 전체를 뒤덮은 것이나, 바다에는 고기가 싹쓸이 되고 없는 것이나, 스프레이와 냉장고에서 사용된 가스 때문에 오존층이 손상된 것 등에서 볼 수 있듯이 말이다. 무엇보다도, 탄산가스 등으로 생기는 '온실효과'의 위협이 전 세계 기후를 불안정하게 만들어 저지대 국가들이 물에 잠기고 비옥한 지역들이 사막으로 바뀌는 일이 벌어지고 있다.

자본주의 시장 옹호자들은 우리더러 이런 사태를 기뻐하라고 요구하는 것이다.

막다른 골목

현 체제의 전망은 ─ 그리고 그 아래서 살고 있는 50억 인구의 전망은 ─ 처참해 보인다. 체제 개혁의 신봉자들 가운데 가장 선견지명이 있는 사람들은 이것을 알아차리고 있다. 그래서 "일반적 서방 자본주의와 특히 영국 자본주의가 자신들이 붙박여 있는 사회적·정치적 세계에 책임이 있음을 인정하지 못한다면, 그들은 지옥으로 떨어질 것"이라고 윌 허턴은 경고한다.

그러나 체제를 개혁하려는 시도는 1950년대나 1890년대보다도 더 먹혀들지 않고 있다.

스웨덴은 자본주의를 사회민주주의적으로 조절한 최상의 본보기로 표현되곤 했다. 그러나 허턴 자신이 말한 대로, 스웨덴에서도 "정부 차관 인상을 억제하려는" 사회민주당 정부가 "1930년대 이래 처음으로 복지국가에 대한 공격"을 감행했다. 그리고 다른 한편에서 1980년대 말 프랑스의 사회당 정부는 "경쟁적 디플레이션과 긴축 경제economic rigour" 정책을 채택했으며, 그 결과 "젊은이들의 실업률이 영국보다 더 높아"졌다. 또한 "스페인 사회당과 뉴질랜드 노동당"이 "예산 삭감, 민영화, 복지제도 축소에 쏟는 열성은 가히 캐나다 보수당에 버금갈" 정도다. "어디서나 정치적으로 경쟁하는 이데올로기 칼날은 무뎌졌다. 서로 다른 정당들도 집권해서 내놓은 정책들은 오십 보 백 보다."

영국 노동당의 경제 대변인인 고든 브라운은 1994년 "세계경제 변화"를 주제로 한 회의 자리에서 과거의 개혁 시도들을 이렇게 비판했다. "과거 노동당은 시장 대신 정부를 내세워 자유 시장의 힘이 가져온 실패와 부정행위를 반격하려고 노력했다. 그래서 종종 세금, 지출, 차관 정책이 쇠약해지는 국민경제에 잘 듣는 고립주의적 즉효약이라고 생각했다." 〈인디펜던트 온 선데이〉 ─ 브라운의 생각에 상당 부분 공감하는 ― 에서는 "브라운이 케인스를 내던지다"라는 머리기사로 그의 발언을 요약했다.

브라운은 자본주의가 '세계화' ― 즉, 마케팅은 물론 생산과 금융의 다국적 확장 ― 된 이상, 국민국가들을 변덕스런 세계와 분리하려던 케인스주의적 낡은 방법들은 더는 시도해 볼 수도 없다고 말하면서 자신의 견해를 정당화했다. 이런 주장을 더 완벽하고 정직하게 또박또박 정리한 것은 브라운의 예전 고문 가운데 한 사람이었다. 런던 대학교 경제학 교수인 메그나드 데사이는 〈트리뷴〉에 연재된 칼럼에서 다음과 같이 주장한 바 있다.

단일 국가의 상황에서는 더는 좌파 케인스주의 정책을 실행할 수 없다. …… 우리는 지금 1990년대에 19세기 사회주의자들이 경험했던 그런 세계, 자본의 전 지구적 운동과 더불어 국가가 경제를 그다지 통제할 수 없는 그런 종류의 세계로 되돌아가는 것을 목격하고 있다.

데사이는 주장하기를, "사회당 정부와 노동당 정부가 성공하지 못한 것은 의지가 부족해서나 지도부가 우유부단해서가 아니다. 문제는 자본주의의 부활이다. …… 마르크스와 엥겔스 이후 한 세기 동안 자본주의는 쉼 없이 자신을 재생산해 왔다." 때문에 "경제의 공동소유조차도 시장의 통제권을 보증해 줄 수 없다"는 것이다.

노동당 지도부는 이런 주장에 이끌린 나머지, "생산, 분배, 교환

수단의 공동소유"에 대해 언명한 당 규약 제4절의 옛 규정을 내동 댕이쳤다. 그들이 내세운 주장은, 1890년대나 1950년대 '수정주의' 사상가들의 주장과 마찬가지로, 그런 공식 규정들이 자본주의의 '근본적 변화'를 무시하는 탓에 '물 건너갔다'는 것이었다. 이런 점 에서 그들은 허턴과 데사이 같은 자칭 "중도 좌파" 경제학자들의 지지를 받고 있다.

그러나 현재 노동당 지도부의 주장과 1890년대 베른슈타인이나 1950년대 크로스랜드 같은 '수정주의자들'의 주장 사이에는 중대 한 차이점이 있다. 베른슈타인과 크로스랜드는 체제가 저절로 합 리적이고 인간적인 형태로 바뀌고 있기 때문에 체제를 혁명적으 로, 즉 뿌리째 철저하게 변화시킬 필요가 없다고 주장했다. 그래서 베른슈타인은 다음과 같이 역설했다.

모든 선진국에서 자본주의적 부르주아지의 특권이 점차 민주적 조직에게 넘어가고 있는 것을 볼 수 있다. …… 사사로운 이익과 반대로 공익이 점점 더 강력해지고 있으며, 경제력의 기본적인 동 요가 멈추었다. …… 그 결과, 개인 생활에서나 전체 국민 생활에 서나 대단히 많은 부분이 그들을 압박하는 빈곤의 그늘에서 벗어 나고 있다. ……

체제가 점점 더 국제화되면 대위기는 과거지사가 되는 것 같았 다. "세계시장이 엄청나게 확장되면서 …… 혼란을 조정할 가능성이 더욱 커졌다. …… 예전과 같은 전반적인 무역 위기는 일어날 가능성이 별로 없다고 볼 수 있다." 게다가 주요 생산 부문에서 "투기성 요인이 더는 결정적 구실을 못 하고 있다."

앞서 봤듯이, 크로스랜드는 이런 주장을 더욱 부연 설명했다. 그는 정부가 "소득 분배에 마음껏 영향력을 발휘할 수 있으며, 총생산량을 소비, 투자, 수출, 사회복지비 등으로 분배하는 것을 여유 있게 결정할 수 있다" 하고 주장했다. 그리고 그 결과 완전고용이 보장되고, 빈곤 수준이 낮아지며, 노동자들의 권리가 증대돼 '평등'의 조건이 창출될 수 있다는 게 그의 주장이었다. 바로 이런 능력 때문에 사유화된 생산수단을 굳이 사회주의적으로 접수할 '필요가 없다'는 것이었다.

이와는 달리 블레어와 브라운을 비롯한 노동당 지도부는, 인간이 시장의 경제적 강제력에 지배되는 상황을 막을 방법이 없으므로 사회주의적 소유라는 목표를 포기할 수밖에 없다고 말한다. 그들이 고쳐 쓴 당규약 제4절에서는 "시장의 동학과 경쟁의 냉혹함" — 하이에크 추종자들 식으로 표현하면, '시장의 동학'은 곧 모든 산업 분야와 그 안에서 일하는 노동자들의 생계에 대한 '창조적 파괴'이고, 동시에 '경쟁의 냉혹함'은 노동자들에게 더 적은 임금으로 더 장시간, 더 고되게 일하라는 압력을 뜻하는데도 — 을 기꺼이 환영하고 있다.

노동당 지도부는 대놓고 그런 하이에크식 용어로 말하지 않을 수도 있다. 그러나 그들은 그 주장의 논리를 그대로 따르고 있다.

그들은 우파 정치가들을 고스란히 흉내 내어 사람들더러 '평생직장'이라는 개념을 버려야 한다고 이야기한다. 게다가 고용주들과 한통속이 되어 '고분고분한 노동력'을 요구하고 '완전고용'의 약속 따위엔 조금도 얽매이려 하지 않는다. 오히려 과거 노동당 정부가 실패한 것처럼 보이는 이유가 그들이 "해낼 수 없는" 것을 약속한 때문이라는 닳아빠진 주장을 펴고 있다. 앞으로 그런 일을 피하려면, 실질적으로 아무것도 약속하지 않는 수밖에 없다는 게 그들의 주장이다. 사실상 그들이 제시하는 것은 베른슈타인과 크로스랜드처럼 혁명의 대안으로서 제한 없는 개혁 약속이 아니라 개혁조차 없는 개혁주의에 불과하다.

개혁주의의 마지막 발악

"마음에 없는 소리는 하지 않는다"는 노동당 지도부가 즐겨 입에 담는 구절이다. 그렇다고 해도, 개혁을 지지하는 대중 앞에서 자기네는 개혁을 조금도 제공하지 않는다고 차마 공공연히 인정하지는 못한다. 그래서 그들은 유별난 주장으로 사람들을 기만하는데, 윌 허턴이나 윌리엄 키건 같은 중도 좌파 경제학자들과 언론인들이 그런 주장을 펴줄 거라고 믿고 있다. 이들은 실패한 영국 자본주의보다 더 잘 돌아가는 대안적 자본주의 모델이 있다고 주장한다. 독일과 일본에 존재하는 '사회적 시장'과 '민중적peoplist'(허턴의 표현이다) 형태가 본보기로 제시된다. 그런 모델들은 노동자들에게 더 많은 안정을 제공해서 그들에게서 더 많은 협력을 얻어 낸다는 것이다. 이렇게 되면 기업들의 이윤은 더 증가해서 노동자들에게 더 나은 대우를 해 줄 수 있게 된다. 더욱 중요한 것은, 이들 나라에서는 금융자본이 산업자본에 종속된 덕분에 더 쉽게 위기에서 탈출할 수 있다는 것이다. 허턴은 주장하기를 결과적으로 독일에서는,

노동조합이 기업의 처지에는 아랑곳하지 않고 자신들의 사사로운 이익만을 추구하는 파업권을 자제한다. 한편 경영자도 주주들의 편협한 이익을 위해 독재적으로 사업을 운영할 권리를 삼간다. 대신 생산과 투자의 증대를 목표로 공동협력하기 위한 타협이 존재한다. …… 독일 은행들은 독일 산업의 든든한 후원자들이자 장기적인 주주들이다. …… 이런 소유권과 재정 지원의 안정성과 나란히, 고도의 사회보장을 제공하는 복지 제도가 확립돼 있다. 이것은 사회적 결속을 드러내는 명백한 표시다.

동아시아, 특히 일본의 자본주의 구조는 경제 관계에서 신뢰, 연속성, 명성, 협력을 강조한다. …… 기업은 개인들이 단순한 노동자가 아니라 한 구성원으로 참여하는 핵심적 사회 단위다. …… 소득 불평등은 세계적으로 가장 낮은 수준을 기록하고 있다. …… 국가는 단일한 합의를 이끌어 내려고 노력하며 그 합의에 기초한 방향으로 기업과 금융계를 이끌어 간다.

허턴과 키건의 주장(둘 사이에는 사소한 차이밖에 없다)에 따른 당연한 귀결은 영국의 개혁 정부가 이런 노선을 따라 영국 자본주의를 개조해야 한다는 것이다.

그러나 1990년대에 위기에 빠진 것은 영국식 자본주의 모델만이 아니었다. 독일과 일본식 모델도 위기를 피해 갈 수 없었다. 이글을 쓰는 지금, 독일은 심각한 경기후퇴에서 막 벗어나기 시작하고 있다. 그러나 서독의 현재 실업 수준은 25년 전의 2퍼센트에서 뛰어올라 아직도 8퍼센트를 웃돌고 있다. 동독 경제를 서독 자본주의로 흡수하는 데 드는 비용을 메울 목적으로 할당된 '통일세' 덕분에 노동자들의 실질 생활수준은 더 낮아졌다. 고용주들은 부질없이 인플레이션 수준 이하로 임금을 억제하고 주당 35시간 노동제 도입을 미뤄 보려다가 도리어 핵심적인 금속 산업의 파업을 자초한 꼴이 됐다. 게다가 자칭 '사회적으로 각성한' 고용주 계급이 연금과 기타 복지 혜택을 축소하려는 공동 캠페인을 벌이고 있다.

허턴 스스로 인정한 것처럼, 그의 모델은 안정된 것과는 거리가 멀다.

세계화와 격렬한 비용 경쟁의 압력 아래, 중소기업들이 설 땅을 잃어 가고 있다. 더욱이 중소기업들의 심장부에서는, 독일의 대기업들은 값싼 나라에서 공급을 받도록 강요당하고 있으며 해외 생산자들이 경쟁에서 승리하고 있다는 우려의 소리가 높다. 독일 은행들도 마찬가지의 압력 때문에 더욱 근시안적으로 시야가 좁아지고 있다고들 이야기한다. …… 대기업들은 일본 기업과 겨루기 위해, 작업의 하도급 계약을 맺고 '정시定時'완수를 강조하는 방법으로 비용을 억제하기로 결심하고서는 공급자들에게 더 한층 유연해지라고 요구하고 있다.

'극동' 지역 모델의 경우, 언제나 "장시간 노동과 열악한 노동조건"이 개입했다고 허턴은 인정했다. 더욱 중요한 것은 대개 일당 국가(대만, 중국, 싱가포르에서처럼, 그리고 일본이 실제로 40년 동안 그랬던 것처럼)나, 군사독재 정권(한국)이 그것을 강제로 밀어붙였다는 점이다.

동아시아 최대 규모인 일본 경제는 지금 영국, 미국, 유럽 대륙과 똑같은 많은 문제에 부닥치고 있다. 1990년대 초에는 심각한 위기로 치닫기도 했으며, 거대 은행들의 지불 능력은 계속 위협받고 있다. 〈파이낸셜 타임즈〉의 보고에 따르면, "생산이 꾸준히 바다 건너로 이동"한 결과 마침내 "제조업 생산의 약 6분의 1이 해외로 빠져 나갔"으며, "많은 일본 기업들이 국내의 과잉용량을 버거워하면서 해외에서 점점 많은 도전을 받고 있다." 1994년에는 실업률이 40년 만의 최고 수준으로 뛰어올라, 구직자 100명당 일자리 수는 64개에 불과했다. 이렇듯 뒷걸음질 치는 일본과 독일의 자본주의가 무슨 이유로 영국처럼 좀 더 약한 자본주의에 필요한 모델을 제공한다는 건지 도무지 이해하기 어렵다.

'유럽식'이나 '동아시아식' 자본주의 모델을 입에 올릴 때는, 종종 '인간 자본' — 고등교육을 받은 노동자에게 체득된 기술 — 의 중요성에 대한 주장이 연관돼 있다. 예를 들어, 고든 브라운은 오늘날 자본주의 발전에서는 이 '인간 자본'이 생산수단보다 더 중요한 구실을 한다고 주장해 왔다. 그는 한술 더 떠, 이것 때문에 이제 누가 산업을 소유하느냐 같은 '낡은 논의'는 아무 쓸모가 없어졌다고도 주장한다.

그의 견해에 따르면, 영국 자본주의가 그 취약성을 극복할 방법은 숙련노동자의 양성에 더 역점을 두어 "인간 자본 투자"를 촉진하는 것이다. 그렇게 되면, 결국 경제가 생산 증대의 선善순환 — 이른바 '내생內生적 성장' — 에 들어서면서 생산성이 향상돼 사회복지사업도 개선되고 생활수준도 높아질 수 있다는 것이다.

이 주장에는 세 가지 기본적인 오류가 담겨 있다. 첫째로, 오늘날 제아무리 고도로 숙련된 노동이라도 고도의 생산수단 없이 외따로 진행될 수는 없다. 사실상 노동은 예전보다 더 많이 생산수단에 의존하고 있으며, 그런 까닭에 전 세계적으로 노동에 대한 자본 투자의 비율이 계속 높아지는 것이다.

둘째로, 한 나라가 숙련노동의 공급을 몽땅 독차지할 수 있어야 한다는 것은 터무니없는 얘기다. 인도와 중국처럼 공업이 뒤진 나라에서도 고등교육을 받은 인구 — 컴퓨터 입력이나 문서처리처럼 비교적 단순한 일은 물론이고, 토목공사나 소프트웨어 공학처럼 대단히 정교한 작업에 필요한 기술까지 고루 갖춘 — 가 수백만 명에 이른다. 총인구의 작은 비율만이 이런 기술을 갖고 있을지도 모른다. 그러나 전체 인구가 워낙 많아서, 이 작은 비율만으로도 충분히 다수 선진국에서 찾아낼 수 있는 것과 맞먹는 양의 숙련노동을 세계 자본주의에 제공할 수 있다. 또한 동시에, 통신기술의 발전 덕택에 비교적 뒤진 나라에서도 정교한 설계 작업과 컴퓨터 업무를 수행해서 다시 발전된 생산의 중심지로 송신할 수 있게 됐다.

이런 상황에서, 자본가들은 이를테면 소프트웨어 공학을 인도의 방갈로 같은 데로 이전하겠다고 협박하면서, 영국 노동자들의 임금을 깎아 내리고 작업 조건을 더 악화시키려 들 것이다. 허턴이나 브라운이 제안하려고 맘먹고 있는 것으로 그들을 막기란 어림도 없다.

셋째로, 설사 '인간 자본'이 중추적 구실을 한다 해도, 더 깊은 위기로 나아가는 세계 체제와 그 일부인 영국의 전반적 추세가 그것 때문에 꺾이지는 않을 것이다. 고용주들은 여전히 고용 수준을 낮추도록 압력을 받을 것이다. "원격통신과 컴퓨터의 결합"을 기초로 한 '텔레마틱스'라는 새로운 통신기술을 예로 들어 보자. 뉴캐슬 대학교 존 고다드 교수의 연구에 따르면, 이 기술은 고용을 확대하기는커녕, 만들어 내는 일자리보다 날려 버리는 일자리가 더 많다. 결국 주기적인 '과잉생산'으로 일어나는 파괴를 막을 수 있는 것은 아무것도 없다. 더욱이 이윤율을 내리누르는 압력 때문에 이런 파괴는 갈수록 더 악화될 것이다.

위기로 빠져드는 자본주의의 경향을 감지한 것은 19세기 중반의 마르크스만이 아니다. 양 세계대전 사이 동안의 케인스도 그랬다. 국민경제의 기술 수준을 끌어올린다고 해서 이런 경향을 비켜 갈 수는 없다. 경제학자들의 전문용어로 표현해서, 기술의 문제는 '수요의 측면'이 아니라 '공급의 측면'과 관계있기 — 따라서 케인스주의가 해결할 수 있다고 큰소리쳤던 '과잉생산'과 실업에 대해 속수무책이기 — 때문이다. 그런 주장을 입 밖에 냄으로써 현대의 개혁주의자들은 오늘날 대다수 민중들이 직면한 핵심 문제들 — 늘어가는 실업, 세계적인 직업 불안정, 가중되는 작업량, 더 낮은 생활수준을 받아들이라는 압력의 증대 — 에 대답이 궁색함을 스스로 인정하고 있는 셈이다.

허턴은 국민국가가 선택할 수 있는 것이 얼마나 제한돼 있는지 털어 놓는다.

영국의 주식, 공채, 은행예금의 4분의 1을 외국인들이 소유하고 있다. 자본시장의 거부권은 특히 강력해서, 영국 정부는 앞으로도 그들의 재정적·금전적 경고 때문에 손발이 꽁꽁 묶이게 될 것이다.

그러나 그는 결론적으로 그런 상황 아래서 케인스주의적 개혁주의가 씨도 안 먹히는 공상임을 깨닫지 못하고 있다. 대신에 국가적 차원의 케인스주의가 불가능한 곳에서 유럽적 규모의 케인스주의가 먹혀들 수 있다고 주장하며 결론을 맺는다.

영국은 더 안정된 국제질서를 구축하는 데 특별한 이해관계가 있다. 그렇지만 영국 혼자서 독자적으로 행동할 수는 없다. 이런 점에서 유럽연합과, 공동행동을 조직할 수 있는 그들의 잠재력이 매우 중요해진다. 유럽연합의 회원국들은 함께 협력해서 금융시장을 규제하고 자본의 흐름을 통제할 힘이 있고, 미국과 일본을 강제해서 세계 협약의 일부로서 그들과 더 좋은 관계를 유지해 가도록 만드는 데 한몫을 할 수도 있다. 유럽연합 회원국들은 자본시장의 입김으로 자신들의 정책이 중도에 날아가지 않도록 하면서, 필요시에는 수요를 늘였다 줄였다 하며 조절할 수 있는 잠재력을 지니고 있다. …… 유럽이 복지국가의 이념을 지키고 싶다면 …… 반드시 단결된 방식으로 지켜야 할 것이다.

그러나 소위 '유로케인스주의적' 개혁주의를 조금만 자세히 들여다보면, 그것이 '인간 자본' 개혁주의에 못지않은 속빈 강정임을 확인할 수 있다. 유럽의 여러 자본주의 강국들은 지금껏 유럽통화체제European Monetary Union 내에서 그들 통화가 비슷한 가치를 유지하지도 못할 만큼 협력에 실패했고, 바로 유럽연합에 이웃한 옛 유고슬라비아 내전에 대처할 외교정책도 조정 못하고 있다. 그런 마당에, 소위 '유로케인스주의적' 개혁주의에서는 이런 여러 나라가 쉽게 차이를 덮어 버리고 경제적으로 협력할 수 있다고 생각하는 것이다.

사실상, 유럽연합의 각 회원국에서는 대규모 국민적 기업들이 국민국가와 밀접한 관계를 유지하면서 다른 기업이나 다른 나라들에게서 자기네의 이익을 보호하도록 국가에 압력을 넣고 있다.

더욱 중요한 점은, 체제의 국제화로 말미암아 미국과 일본 같은 세계 최대 경제국의 정부까지도 세계적인 경쟁의 압력 때문에 점점 더 행동의 제약을 받는다는 것이다. 유럽이 자본주의적으로 단결한다 해도, 그런 압력에 매여 있기는 마찬가지일 것이다.

대기업이 보이는 반응은 정부가 노동자들의 조건을 공격하도록 압력의 수위를 높여 가는 것으로 나타날 것이다. 그래서 1994년 초에 발행된 〈파이낸셜 타임즈〉의 부록 "유럽이 경쟁할 수 있을까?"에서는, "더 강력한 경쟁력, 노동시장의 규제 완화, 공공부문의 철저한 개혁"인가 아니면 "유럽연합을 세계경제의 고인 물"로 멎게 할 "유럽병"인가 둘 중 하나가 대안이라고 주장했다.

끝으로 가장 주목할 점은, 전후 장기 호황이 케인스주의 방법의 결과물이 아니었다는 사실을 유로케인스주의자들이 무시해 버린다는 점이다. 케인스가 장기 호황을 불러왔다는 얘기는 아침 기상이 해를 떠오르게 만들었다는 얘기나 마찬가지다. 그보다는 정부가 막대한 군비지출과 동시에 대대적인 경제 개입에 착수하면서 어차피 벌어지고 있었던 일을 케인스가 신호로 알렸을 뿐이다.

정작 호황을 계속 유지하기 위해 케인스가 직접 내린 처방전은 '황금기' 동안 거의 사용되지 않았다. 허턴은 근래 케인스주의자들 가운데 가장 열렬한 케인스의 팬이다. 그런데 참 묘하게도, 허턴도 〈가디언〉의 자기 고정 칼럼에서 똑같은 사실을 인정한 적이 있다. "1950년대와 1960년대에는 케인스주의적 수요 조절 경기 부양책을 쓴 적이 별로 없었고", 오랜 경제 팽창기간 동안 별로 믿을 만하지도 못했다는 "증거가 이미 1968년에 로빈 매튜가 제시했다"고 허턴은 지적했다.

1970년대 중반에 이 오랜 팽창기가 막을 내리게 되면서, 모든 선진국들이 케인스주의적 방법을 써 보려고 했었다. 그러나 제대로 먹혀들지 않는 바람에 어디서나 다 내던지고 말았다.

20년이 지난 지금, 그런 정책이 유럽적 규모로 사용된다면 먹혀들 거라고 주장하는 허턴 같은 사람들은 결국 신기루를 좇고 있는 것이다.

블레어와 브라운 같은 정치가들 ─ 그리고 프랑스, 독일, 이탈리아, 스페인, 스칸디나비아에 있는 그들의 형제들 ─ 이 복지 혜택, 실업 수준, 작업 조건 등의 개선을 약속하지 않으려 내빼는 것은 이런 사실을 똑똑히 모르기 때문인 게 분명하다. 그러나 그 결과 경제정책을 놓고 볼 때, 그들은 보수당의 맞수들과 거의 구별이 안 갈 지경이다.

허턴은 이따금 어쩔 수 없이 이런 사실을 인정해야 했다. 예컨대 허턴은 〈가디언〉의 지면을 빌어, "노동당 당수가 잉글랜드 은행 총재 에디 조지나 IMF의 미셸 캉드쉬 정도가 했을 법한" 그런 연설을 했다고 비난했다. 그는 계속 이어서, "이런 견해는 1970년대 신우파 혁명의 직계 후손으로서, 밀턴 프리드먼이나 프리드리히 하이에크 등을 스승으로 삼는다"고 혹평했다.

사회주의인가 야만주의인가

"20세기 초반부의 상황이 21세기 초에도 재현된다." 우리가 현재의 위기를 처리하지 못하면, 세계는 바로 이런 위협에 맞닥뜨리게 된다고 월 허턴은 자신의 책 ≪우리의 상태≫에서 결론 내린다. 그 '상황'에는 두 차례의 세계대전과 나치즘의 등장, 유럽 대륙 대부분에 걸친 민주주의의 붕괴, 스탈린주의의 승리, 죽음의 수용소, 강제노동수용소 등이 포함됐다. 만일 이런 일들이 몇 년 사이에 다시 되풀이된다면, 한층 더 무지막지한 규모가 될 거라는 것은 불을 보듯 뻔하다. 우리는 핵무기로 무장한 파시스트 체제와 더불어 히틀러조차 꿈도 못 꿀 어마어마한 규모의 죽음과 파괴에 직면해 있을 것이다. 전 인류의 종말이 아니라면, 실로 야만주의의 미래가 우리와 마주하고 있을 것이다.

그런 앞날에 대한 경고를 대수롭지 않게 보아 넘겨서는 안 된다. 이미 1990년대의 위기는 1930년대에 목격했던 것과 똑같은 야만적인 힘을 터뜨리기 시작하고 있다. 나라마다 현 체제를 지지하는 정치 모리배들은 차례차례 인종적 · 종교적 소수집단들을 속죄양으로 삼아 자신들의 앞길을 닦아 나가고 있다. 러시아에서는 히틀러 숭배자이자 인종주의자이고 핵전쟁의 지지자인 지리노프스키가 1993년 11월 선거에서 24퍼센트의 표를 차지했다. 뭄바이에서는 히틀러의 또 다른 숭배자인 발 태커리가 주정부를 지휘하면서 소수 무슬림 집단과 전쟁을 벌이겠다고 으름장을 놓고 있다. 터키에서는 정부와 군대가 인구의 5분의 1인 쿠르드족과 전쟁을 벌이고 있고, 한편으로는 파시스트들이 수니파 무슬림들을 부추겨 알라위파 무슬림들을 죽이게 만들려 하고 있다. 르완다에서는 예전 독재자가 후투족을 풀어 투치족에 대한 끔찍한 학살을 사주한 반면, 이웃나라 부룬디에서는 투치족이 후투족을 학살할 조짐이 보인다.

이런 모든 참상은 시장 자본주의가 대다수 인민들에게 최소한의 만족스런 삶도 제공하지 못한 데서 비롯했다. 만족스런 삶은커녕 시장 자본주의는 세계 인구의 5분의 1을 영양결핍 상태로 내버려 두고, 나머지 사람들 대부분은 오늘 지급된 변변찮은 생활이라도 과연 내일을 누릴 수 있을지 확신할 수 없게 만들었다.

지배계급의 권력을 철저하게 옹호하는 자들이나 소심하고 겁먹은 현대의 개혁주의자들이나 하나같이 이 체제에 대한 대안은 없다고 우리에게 이야기한다. 그러나 만일 그 말이 맞다면, 인류에게는 희망이 없다. 정치는 이제 타이타닉회[결국 침몰하고 마는 호화 여객선 — 옮긴이]에서 이동식 의자를 이리저리 나르면서, 부자들과 특권계급이 선장과 만찬을 드는 동안 아무도 방해 못하게 망봐주는 존재로 전락했다.

그러나 한 가지 대안은 있다. 소외된 노동의 광적인 세계 전체는 우리 노동의 산물이다. 인간은 부를 창출하는 수단을 통제할 힘이 있고, 그 수단을 우리의 결정과 우리의 가치에 종속시킬 힘도 있다. 우리는 그것을 시장의 맹목적인 충동에, 즉 부를 소유한 경쟁자들끼리 서로 앞지르려고 아귀다툼하는 광란의 도가니에 내맡겨 둘 필요가 없다. 오늘날 유용한 새로운 과학 기술들은 우리 삶에 해가 되기는커녕 이런 통제를 더 수월하게 해 줄 잠재력을 가지고 있다. 자동화된 작업 공정은 여가와 창조적 활동을 할 수 있는 시간과 세계의 현재와 미래를 진지하게 생각할 수 있는 기회를 더 많이 제공해 줄 것이다. 그리고 컴퓨터화는 우리의 필요를 충족시킬 수 있는 재원에 관해, 그리고 그것을 효율적으로 배치할 방법에 관해 최상의 정보를 공급해 줄 수 있을 것이다.

그러나 이 체제 내에서 노동하는 것으로는 이런 대안에 이를 수 없다. 시장과 경쟁적 축적과 다른 사람을 더 열심히 일하게 하거나 아니면 일자리를 잃도록 내몰기 위해 더 열심히 일해야 한다는 따위의 미치광이 같은 논리를 받아들여서는 이런 대안에 다가갈 수 없다. 이 대안은 오로지 체제에 맞선 투쟁에서, 그리고 체제의 논리가 대다수 인민들의 삶에 미치는 재앙적 영향에 대항하는 투쟁에서만 생겨날 수 있다.

개혁주의자들은 체제의 '세계화' 때문에 그런 투쟁이 성공할 수 없다고 말한다. 이 체제는 점점 더 극소수의 거대 산업체와 금융 단체들에게 지배되고 있고, 이들 각 단체들은 자국의 근거지를 출발점으로 뻗어 나와 수십 개 나라 수백만 명의 삶을 지배해 가고 있다. 세계화는 이런 상황을 달리 표현한 것일 뿐이다. 이들 단체의 경영자들은 갈수록 더 엄청난 지배력을 손에 넣게 되어, 마침내 이들의 활동을 규제하려는 정부까지도 자기 휘하에 들어오지 않을 수 없게 — 아니면 정권에서 물러나게 — 만든다.

그러나 그렇다고 해서 인간다운 사회를 바라는 사람들이 이런 단체와 그들이 구성하는 체제에 대해 과거보다 덜 싸워야 할 이유는 전혀 없다. 오히려 정반대다. 그럴수록 우리는 더 힘껏, 더 단호하게 싸워야 한다. 이런 상황에서 만일 우리가 이것을 끝장을 봐야하는 투쟁으로 생각하지 않고 미적지근하게 싸운다면, 그들은 우리에게 무참한 앙갚음을 할 것이다. 영국의 사회개혁가 토니도 한때 좀 더 급진적이었던 시절에는 이렇게 말한 적이 있다. "양파는 한 겹 두 겹 껍질을 벗길 수 있어도, 호랑이는 발톱 하나씩 뽑아서는 껍질을 벗길 수 없다." '세계화' 운운하는 이야기를 통해, 현대 개혁주의자들은 이 체제가 호랑이임을, 40년 전에 크로스랜드 패거리가 제안한 대로 의회가 손질해 주기만을 다소곳이 기다리고 있는 푸성귀가 아님을 인정하고 있는 셈이다. 그러나 현대 개혁주의자들이 체제를 호랑이로 본다고 해도, 그들의 결론은 그 맹수가 자유롭게 뛰놀도록 그냥 놔두자는 것이다. 산 채로 잡아먹히고 싶은 게 아니라면 그야말로 정신 나간 결론이 아닐 수 없다.

세계화가 된다고 해서, 체제에 맞선 진지한 투쟁이 불가능해지는 것은 아니다. 세계화는 양쪽으로 날이 선 무기이기 때문이다. 거대 기업들은 오로지 그들이 세계 곳곳에서 고용하는 수백만 명의 노동자들이 그들의 작태를 참고 견디는 한에서만 힘이 있다. 진지한 반격이 시작되는 그 순간부터 그들은 마비될 수 있다. 그들의 사업이 국제적으로 통합돼 있다는 사실 자체 때문에, 그 가운데 어느 한 나라에서만 노동자 투쟁이 일어나도 그들은 더 큰 피해를 입을 수 있다. 더욱 중요한 점은, 수십 개 나라의 노동자들이 자기네 고용주의 다국적 성격을 깨닫게 되면서 자신들이 서로 공통의 이익을 가진다는 점을 갈수록 더 구체적으로 확인할 수 있다는 것이다. 그들은 똑같은 규율에 따라야 하고, 똑같은 경영자들의 설교를 듣고, 심지어 똑같은 회사 로고를 몸에 붙이고 똑같은 사가社歌를 부르도록 강요받기 때문이다.

마지막으로, 통신수단의 국제화 덕분에 세계의 한 지역에서 일하는 노동자들이 다른 지역 노동자들의 행동에 대해 예전보다 훨씬 더 훤히 알게 됐다. 한 곳에서 일어난 봉기가 순식간에 멀리 바다 건너에 사는 사람들에게까지 힘을 불어넣어 준다. 베트남 민족해방투쟁과 프랑스의 '5월 항쟁'이 있었던 1968년에 바로 이런 일이 벌어졌다. 1980년에는 폴란드 연대노조 투쟁의 급작스런 상승이 그런 계기가 됐고, 남아공의 인종차별 반대 투쟁의 갑작스런 부활이 1980년대 중반을 내내 달구었다. 이것은 멕시코의 치아파스 반란과 함께 1994년에도 재현됐다. 다음 번에 어디서든 거대한 노동자 봉기가 일어날 때, 그런 상황은 또다시 벌어질 것이다.

자본주의 체제의 국제적 성격은 개별 국민정부가 아무리 급진적이고 아무리 국민 다수의 열화 같은 지지를 받는다 해도, 결코 체제에서 뿜어져 나오는 압력과 완전히 단절할 수 없게 만든다. 그러나 이런 것이 새로운 현상은 아니다. 150년 전에 이미 마르크스와 엥겔스는 반反자본주의 투쟁의 국제적 성격을 역설했다. ≪공산당 선언≫에서는 "노동자에게는 조국이 없다"고 강조한 뒤, "만국의 노동자여 단결하라"는 말로 끝을 맺는다. 지금으로부터 80년 전, 제1차세계대전 당시 러시아 노동자 혁명의 지도자들은 '세계 공산주의 연합국'의 전신으로서 '공산주의인터내셔널'을 건설했다. 이것은 바로 어느 한 나라도, 특히 당시 러시아처럼 후진적인 나라는 더더욱 그 나라 외부에 존재하는 자원, 기술발전과 단절한 채 풍요로운 사회를 만들 수 없음을 그들이 인식했기 때문이었다. 70년 전에 레온 트로츠키도 스탈린에 맞서 이런 주장을 반복했다. 전 세계 자본주의 체제에 존재하는 부를 장악하지 못한 채, 사회를 몽땅 고치려는 시도는 결국 어쩔 수 없이 실패하기 때문에, '일국사회주의' 이러쿵저러쿵하는 얘기는 '반동적인 유토피아'일 뿐이라고 트로츠키는 강조했다.

그러나 이런 주장은 결코 모든 곳에서 혁명이 동시다발적으로 터져 나오기를 기다려야 한다는 뜻이 아니었다. 모든 과정은 우선 어디선가 시작이 돼야 한다. 자본주의의 소외, 궁핍, 야만주의와 대결하는 과정도 마찬가지다. 그것은 자본주의가 존재하는 어느 한 곳에서 ─ 그러므로 오늘날은 사실상 세계 어디서나 ─ 시작될 수 있다. 그렇지만 단 한 곳의 투쟁으로 최종적인 성공을 이루기는 불가능하다. 체제에 도전하는 반란이 살아남을 수 있느냐 아니냐는 ─ 특히 최소한 두 세기 동안 식량·원료와 여타 많은 재화의 수입에 의존해 온 영국 같은 나라는 더더욱 ─ 반란에 고무된 다른 나라 사람들의 지지를 획득하느냐에 달려 있다. 장기적으로 사회를 완전히 개조하는 데에서 성패는 반란의 확산에 달려 있는 것이다. 한 나라가 자본주의를 뒤엎는다 해도 혼자 힘으로는 살아남을 수 없다. 그러나 그것은 세계 체제의 더 넓은 곳곳에서 성공적인 반란을 북돋우는 교두보가 될 수 있다.

사회주의에 적대적인 사람들은, 설사 사회주의가 세계에 폭넓게 확산된다 해도 시장의 명령에서 결코 벗어나지 못할 운명이라고 이야기한다. 많고 많은 인간의 필요를 충족하기 위해 생산을 구석구석 빠짐없이 조직하는 일은 누구도 하기 힘든 어마어마한 계획이라고 그들은 주장한다. 그래서 결국에는 다른 모든 이들에게 어디서 일할지, 무엇을 소비할지 명령을 내리는 새로운 지배 엘리트가 등장하는 일이 고작이라는 게 그들의 예언이다.

그러나 마르크스, 엥겔스, 레닌, 트로츠키가 사회주의로 이행을 얘기했을 때는, 국가가 하룻밤 사이에 모든 경제적 결정권을 접수한다는 뜻으로 말한 게 아니었다. 그들이 강조한 것은, 부를 창출하는 사람들이 자신들의 민주적 조직을 통해 핵심적인 결정들, 즉 나머지 경제가 움직이는 일정한 범위를 설정하는 결정을 떠맡아야 한다는 점이었다. 사회주의 혁명이 일어난 다음 날에도 그 전날과 다름없이 대다수 인민들은 공장과 사무실로 일하러 갈 것이고, 일한 대가를 돈으로 지불받을 것이다. 그리고 전과 다름없이 자신들의 소비 욕구를 채우고 싶은 대로 이 돈을 쓰게 될 것이다. 그러나 달라지는 것은 '생산자 연합'의 대표자들이 있다는 것이다. 공장, 사무실, 주택단지, 연금 수령자 단체 등등에서 파견된 대표들이 모여 가장 중요한 경제적 우선사항들에 대해 결정을 내릴 것이다. 특히 사회적 투자의 주요 항목들은 더는 경쟁 기업들 간의 맹목적 경쟁을 기초로 결정되는 게 아니라 협동적인 결정 과정을 통해 결정될 것이다.

마르크스, 엥겔스, 레닌, 트로츠키는 인류 역사에서 매번 인간 생활의 생산양식이 커다란 변화를 거칠 때마다 항상 점진적 변화(진화)와 급작스런 변화(혁명)가 모두 개입됐음을 인정했다. 그래서 봉건제에서 자본주의로 이행할 때에는, 어느 정도 자급자족적인 장원의 촌락에서 자본주의적인 시장 생산이 봉건적 생산을 대체한 것처럼 수세기에 걸친 완만한 경제적 발전이 있었던 한편으로, 성장하는 자본가계급이 오랜 봉건적 지배계급을 권력의 중심에서 몰아낼 때처럼 급격하고 혁명적인 정치적 변화도 있었던 것이다. 여기서 핵심적인 것은, 혁명적인 변화가 뒷받침되지 않으면 점진적 변화는 어느 순간 불시에 멈춰 버리게 될 것이고 사회는 앞으로 나아가기보다는 뒷걸음질 치기 시작할 것 ― 우선 첫째로 14세기 유럽 전역에서, 그리고 그 다음에는 17세기 중부 유럽에서 경제적 발전이 정치적 변혁으로 뒷받침되지 못했을 때처럼 ― 이라는 점이다.

마찬가지로, 자본주의 대신 인간의 협력에 바탕을 둔 새로운 경제적 메커니즘을 확립하는 것도 하루아침에 느닷없이 되는 일이 아니다. 사실상, 현대 사회에서 진행되고 있는 많고 많은 대규모 생산과정들을 의식적으로 통제하는 방법을 사람들이 배우는 데만도 수십 년은 걸릴 것이다. 그 사이에는 낡은 시장 메커니즘을 계속 참아내는 도리밖에 없을 것이다. 그러나 정치권력을 장악하고 주요 산업을 장악함으로써, 그들은 중심적인 문제들을 결정하기 시작할 수 있다. 그리고 그런 결정들은 일어나는 모든 일에 엄청난 영향력을 발휘할 것이다. 예를 들어, 기업들이 더는 서로 경쟁적으로 공업 설비를 확충하는 데에 막대한 자금을 낭비하지 못하게 할 수 있고, 또 그들이 설비투자를 감당하려고 노동자들에게 더 낮은 임금과 고된 작업을 받아들이라고 강요하는 것도 막을 수 있을 것이다. 광고에 들어가는 돈이나 똑같은 생산물을 세계를 한 바퀴 돌아 반대 방향으로 보내는 데 드는 엄청난 낭비를 종결지을 수 있을 것이다. 부자들의 호화 저택을 개조해서 가난한 사람들에게 극도로 필요한 시설로 바꿀 수도 있을 것이다. 이렇듯 사회 구석구석에 걸쳐 혼란을 밀어내고 의식적인 인간의 결정이 들어서기 시작할 수 있다.

그때쯤이면, 대중은 현재 각 주요 산업을 통치하는 한줌의 경영자들 못지않게 별 어려움 없이 결정을 내릴 것이다. 예컨대 영국에서는 식품가공과 유통의 5분의 4가 5개 기업의 손에서 처리된다. 이 기업들은 저마다 수천 가지 식품 품목의 생산과 유통을 계획적으로 조정해야 하고, 동시에 그 식품들을 각기 다른 5000만 명 남녀노소의 입맛에 맞추려고 노력해야 한다. 그들이 이런 일을 할 수 있는 것은, 이 경영자들이 천재 — 사실상 그들 대부분은 전형적인 상류계급 얼간이들이다 — 라서가 아니다. 그보다는 돈이 많은 덕분에, 최신 과학 기술을 사용하는 숙련된 사람들을 잔뜩 고용할 수 있기 때문이다. 그러나 이런 숙련된 노력의 엄청난 부분이 낭비되고 있다. 이렇게 능력 있는 사람들이 경쟁 기업들간의 경쟁에 발이 묶여 그들끼리, 또는 식품을 생산하는 사람과 식품을 소비하는 사람들끼리도 협력이 불가능하기 때문이다. 오히려 엄청난 양의 노력이 한편으로는 기업이 노동자들을 착취하게 돕는 데에 쓰이고, 다른 한편으로는 건강에 해로운 쪽으로 소비자들의 입맛을 만들어가는 데 쓰인다. 그러나 민주적 노동자 국가에서는 협력적 방식으로 아래로부터 창의적 사고를 수렴해서 기초로 삼을 것이다. 그런 노동자 국가가 이런 주요 기업들을 소유하고 통제한다면, 실제로 생산의 조정은 더 간단해지고(경쟁 기업들의 의도적인 작업 중복이 사라질 테니까) 소비자들의 진정한 필요에도 더 충실해질 수 있을 것이다.

그렇다고 해서 이렇듯 생산의 주요 부문을 사회주의적으로 조직하는 것이 완벽할 거라는 얘기는 아니다. 어느 영역에서는 사람들이 바라는 바를 과대평가하고, 또 어느 영역에서는 과소평가하는 식의 착오가 생길 게 분명하다. 또 어떻게 해야 똑바로 계속 전진할 수 있을지를 두고 틀림없이 논란이 그치지 않을 것이다. 만족뿐 아니라 불만의 소리도 있을 게 분명하다. 그러나 이런 일들은 체제의 메커니즘 자체에 붙박이가 된 듯 늘 일어나는 게 아니라 잠깐 동안 일어났다가 지나가 버릴 사건일 것이다. 반면에 지금은 아무리 입씨름을 한다 해도, 과잉생산과 생필품의 부족이 양쪽에서 나란히 증가하는 경향을 조금도 바로잡을 수가 없다. 그 이유는 현 체제가 대다수 인민들 사이에서 심사숙고한 논의의 결과로서 내려진 합리적 결정을 기초로 하지 않고, 서로 더 많은 부를 차지하려는 경쟁에 모든 것을 종속하려는 소수 부자 집단들의 노력을 바탕으로 삼기 때문이다.

바로 이런 맹목적 경쟁 때문에, 호황과 불황이 생기고, 작업량이 가중되는데 실업이 늘어나고, 재화는 과잉생산이 되는데도 복지 예산은 삭감되고, 갈수록 '국지전'이 무시무시해지면서 인종적 · 종교적 증오가 격심하게 터져 나오는 것이다.

계급 지배 형태가 생산양식의 변화와 충돌할 때는 언제나 두 가지 결과가 가능하다고 ─ 격심한 투쟁의 결과로서 새로운 계급이 승리하던가, 아니면 "서로 다투는 계급들의 공멸"로 사회가 뒷걸음으로 줄달음치던가 ─ 마르크스는 지적했다. 독일과 폴란드에서 활동한 혁명가 로자 룩셈부르크는 문제를 한층 더 또렷하게 표현했다. 자본주의에서 선택은 "사회주의인가 아니면 야만주의인가" 둘 가운데 하나라고 그녀는 말했다.

지금 사회가 나아가고 있는 방향을 보면, 우리는 지구 곳곳에서 너무도 생생하게 야만주의의 얼굴을 목격할 수 있다. 그러나 동시에 진정한 진보의 의지를 거듭 내동댕이치는 체제에 맞서, 연대와 협동의 바탕 위에서 의식적이고 집단적으로 자신들의 미래를 만들어 가며 서로 부축하고 있는 사람들의 투쟁도 목격할 수 있다. 현 체제의 미적지근한 개혁을 설교하는 사람들은 야만주의에 투항하라고 설교하는 것이나 다름없다. 그러나 혁명을 기다리는 사람들은 이런 투쟁에서 후퇴가 아닌 전진의 가능성을 확인한다. 마르크스와 엥겔스가 ≪공산당 선언≫의 말미에 써 놓은 그대로, 아직도 우리에게는 "쟁취할 세계"가 있다.

참고 문헌

1장 미쳐 버린 세계

◈ 마르크스주의 경제학

마르크스와 엥겔스가 공동으로 쓴 ≪공산당 선언The Communist Manifesto≫[국역 : ≪공산당 선언≫(책세상, 1992)]은 그들의 견해 전반을 가장 잘 설명해 놓은 책이다.

≪임금노동과 자본Wage, Labour and Capital≫[국역 : ≪임금 노동과 자본≫(박종철출판사, 1999)]은 마르크스의 책 가운데 착취에 대한 설명이 나와 있는 가장 쉬운 입문서다.

이사크 일리치 루빈의 ≪경제 사상의 역사History of Economic Thought≫(Pluto, London, 1989)[국역 : ≪경제 사상사 1≫(신지평, 1993)]는 마르크스의 사상이 애덤 스미스와 리카도 같은 앞선 정치경제학자들의 사상에서 어떤 식으로 발전해 나왔는지를 아주 읽기 쉽게 설명하고 있다.

◈ 한계효용 경제학에 대한 비판

폴 오머로드의 ≪경제학의 종말The Death of Economics≫(Faber and

Faber, London, 1995)[국역 : ≪경제학의 부활≫(세종서적, 1996)] 에는 정통 경제학에 대한 가장 최근의 학술적 공격들이 유용하게 요약돼 있다.

M 미첼 월드롭이 쓴 ≪복잡성Complexity≫(Penguin, London, 1994) [국역 : ≪카오스에서 인공생명으로≫(범양사, 2006)]의 4장에는 카오스 이론에 관한 학술 회의에서 정통 경제학의 오류를 기자 특유의 감각으로 설명하고 있다.

뵘바베르크와 힐퍼딩의 ≪칼 마르크스와 그 이론 체계의 종말 Karl Marx and the Close of his System≫(Augustus M. Kelly, New York, 1949)[국역 : ≪노동가치론 논쟁≫(학민사, 1985)]에는 한계효용 경제학의 창시자 한 사람과 1930년대까지 가장 영향력 있던 마르크스주의 경제학자 가운데 한 사람이 벌인 고전적 논쟁이 실려 있다.

니콜라이 부하린의 ≪유한계급의 경제이론The Economic Theory of the Leisure Classes≫(1915)은 뵘바베르크의 접근에 대한 깊이 있는 마르크스주의적 비판이다.

◈ 다른 자료들

● 노동시간에 관한 자료들

줄리엣 쇼어의 ≪과로하는 미국인The Overworked American≫, B K 허니컷의 ≪끝없는 노동Work Without End≫.

● 직장에서 받는 스트레스에 관한 자료들

C L 쿠퍼와 R 페인이 편집한 ≪직장에서 받는 스트레스의 원

인, 대책 그리고 결과Causes, Coping and Consequences of Stress at Work≫(John Wiley, Chichester, 1988), S G 울프 주니어와 A J 파이어스톤이 편집한 ≪직업상의 스트레스Occupational Stress≫(Littleton, Mass, 1986).

● 계급 분화 이전의 사회들에 관한 자료들

엥겔스의 저작 일부를 요약해 놓은 나의 글 "엥겔스와 인간 사회의 기원"(≪인터내셔널 소셜리즘International Socialism≫, 65호, 1994년 겨울).

● '자본의 원시적 축적'에 관한 자료들

마르크스의 ≪자본론Capital≫[국역 : ≪자본론≫(비봉출판사, 2005)] 가운데 가장 쉽게 읽히는 부분의 하나인 1권에 이 문제가 골고루 다뤄져 있다. 에릭 윌리엄스의 ≪자본주의와 노예제Capitalism and Slavery≫(Univ of North Carolina Press, Chapel Hill, North Carolina, 1994)는 자본주의 발전에서 노예 무역이 차지하는 중요성을 다루고 있다.

2장 위기를 해명하기

가장 최근에 자본주의 체제가 겪은 호황과 불황에 관한 설명은 내가 ≪인터내셔널 쇼셜리즘≫ 58호와 60호에 쓴 "자본주의는 어디로?Where is capitalism going"[국역 : ≪오늘의 세계경제 : 위기와 전망≫ 2부, 3부 (갈무리, 1996)]에 훨씬 상세하게 나와 있다. 이 책에서 다루고 있는 경험적인 문제의 자료들 대부분은 이 두 글에서 빌려 온 것이다.

◈ 다른 자료들

● 하이에크에 관한 자료들

C 니시야마와 K R 루베가 편집한 ≪요점 하이에크The Essential Hayek≫와 짐 톰린슨의 ≪하이에크와 시장Hayek and the Market≫(Pluto, London, 1990).

● 케인스주의에 관한 자료들

J M 케인스의 ≪일반 이론The General Theory of Employment≫ (Macmillan, London 1963), 악셀 라인존후푸드의 ≪케인스주의 경제학에 관해On Keynesian Economics≫(London, 1968), N G 맨큐와 D 로머가 편집한 ≪새로운 케인스주의 경제학 1 : 불완전 경쟁과 경직된 가격New Keynesian Economics, vol. 1 : Imperfect Competition and Sticky Prices≫(MIT Press, Cambridge, Massacusetts, 1991).

3장 사태는 점점 악화되고

이 장에서 다루고 있는 기본 주장, 자료, 그리고 비판적인 주註들은 나의 책 ≪위기를 설명한다≫(Bookmarks, London, 1984)[국역 : ≪마르크스주의와 공황론≫(풀무질, 1995)]의 1장에 나온다.

◈ 다른 자료들
● 테일러주의에 관한 자료들

에드 앤드루의 ≪폐쇄된 철창Closing the Iron Cage≫(Black Rose Books, Montreal, 1981)과 해리 브레이버먼의 ≪노동과 독점자본 Labour and Monopoly≫(Monthly Review Press, New York, 1976)[국역 : ≪노동과 독점자본≫(까치글방, 1998)].

● 노동시간에 관한 자료들

1장의 자료들을 참조하시오.

● 19세기에 관한 자료들

E J 홉스봄, ≪제국의 시대The Age of Empire≫(Abacus, London, 1994) [국역 : ≪제국의 시대≫(한길사, 1998)]의 2장, "경제가 속도를 바꾸다", M 플래먼트 & 싱어-커랠, ≪현대 경제의 위기Modern Economic Crises≫(London, 1970).

● 이윤율 하락에 관한 자료들

J 길만의 ≪이윤율 하락The Falling Rate of Profit≫(London, 1956), S 메이지, ≪'이윤율 하락의 법칙', 마르크스의 이론 체계에서 차지하는 지위와 미국 경제에 대한 연관성 The 'law of the falling rate of profit', its place in the Marxian theoretical system and its relevance for the US economic, PhD thesis≫ (Columbia University, 1963), F 모슬리, ≪전후 미국 경제에서 이윤율 하락The Falling Rate of Profit in the post war United States Economy≫(Macmillan, London, 1991).

● 자본 ― 산출량 비율에 관한 자료들

콜린 클라크, ≪옥스퍼드 이코노믹 페이퍼Oxford Economic Papers≫ (1978년 11월).

4장 점점 비대해지는 자본주의

이 장의 기본 주장들 역시 나의 책 ≪위기를 설명한다≫에 나와 있다. 두 차례의 세계대전 사이의 시기를 다루고 있는 2장 "지난 시기의 공황"을 참고하면 된다.

◈ 다른 자료들

● 제국주의에 관한 자료들

N I 부하린의 ≪제국주의와 세계경제Imperialism and the World Economy≫[국역 : ≪제국주의론 : 세계 경제와 제국주의≫(지양사, 1987)]와 V I 레닌, ≪제국주의 ― 자본주의의 최고 단계Imperialism the Highest Stage of Capitalism≫[국역 : ≪제국주의론≫(백산서당, 1988)] 그리고 E J 홉스봄, ≪제국의 시대The Age of Empire≫[국역 : ≪제국의 시대≫(한길사, 1998)].

● 군국주의와 국가자본주의에 관한 자료들

헨리크 그로스먼, ≪축적의 법칙과 자본주의 체제의 붕괴The Law of Accumulation and Breakdown of the Capitalist System≫(Pluto, London, 1992, pp.157~158), H 드레이퍼가 편집한 ≪상시군비경제The Permanent arms Economy≫(Berkeley, 1970). 이 책에는 밴스의 저작들 가운데 일부가 포함돼 있다. 또한 마이크 키드런의 ≪상시군비경제≫(ISJ의 첫 번째 시리즈에 나오는 글의 재판)와 ≪전쟁 이후의 서방 자본주의 Western Capitalism since the War≫(Penguin, London, 1968) 그리고 ≪자본주

의와 이론Capitalism and Theory≫(Pluto, London, 1974)이 있다.

● 스탈린주의에 관한 자료들

토니 클리프, ≪소련 국가자본주의State Capitalism in Russia≫ (Bookmarks, London, 1988)[국역 : ≪소련 국가자본주의≫(책갈피, 1993)], 크리스 하먼의 ≪동유럽에서의 계급투쟁Class Struggles in Eastern Europe≫(Bookmarks, London, 1988)[국역 : ≪동유럽에서의 계급투쟁≫(갈무리, 1994)]과 "폭풍이 인다"(≪인터내셔널 소셜리즘≫, 46호)[국역 : ≪1989년 동유럽 혁명과 국가자본주의 체제 붕괴≫(책갈피, 2009)] 그리고 "국가와 오늘의 자본주의"(≪인터내셔널 소셜리즘≫, 51호)[국역 : ≪오늘의 세계경제 : 위기와 전망≫ 1부, (갈무리, 1996)]를 참조하면 좋을 것이다.

● '수정주의' 이론에 관한 자료들

에두아르트 베른슈타인의 ≪진화론적 사회주의Evolutionary Socialism≫(London, 1909), 피터 게이의 ≪민주주의적 사회주의의 딜레마The Dilemma of Democratic Socialism≫(London), C A R 크로스랜드의 ≪사회주의의 미래The Future of Socialism≫(London, 1956), 수잔 크로스랜드의 ≪앤서니 크로스랜드Anthony Crosland≫(London)가 있다.

5장 산산조각 나는 세계

1980년대와 1990년대 초반에 관한 더 자세한 설명을 원하면, "자본주의는 어디로 1, 2"(≪인터내셔널 소셜리즘≫, 58호, 1993년 봄과 60호, 1994년 가을)[국역 : ≪오늘의 세계경제 : 위기와 전망≫ 1부, 2부, (갈무리, 1996)]에 들어 있는 두 글을 참조하시오.

윌 허턴의 견해를 알고 싶으면, 그가 쓴 ≪우리의 상태The State We're In≫(Jonathan Cape, London, 1994)를 보시오.

오늘날의 미국에 관한 갤브레이스의 견해를 알고 싶으면, ≪만족의 문화The Culture of Contentment≫ (Penguin, London, 1992)[국역 : ≪만족의 문화≫(동아일보사, 1993)]를 보시오.

윌리엄 키건의 견해를 알고 싶으면, 그가 쓴 ≪자본주의의 유령The Spectre of Capitalism≫(Vintage, London, 1992)을 보시오.

현재에 관한 홉스봄의 견해를 알고 싶으면, ≪극단의 시대The Age of Extremes≫(Michael Joseph, London, 1994)[국역 : ≪극단의 시대≫ 상, 하, (까치글방, 1997)]에서 14장 "수십 년 동안의 위기"와 19장 "황금 시대를 향하여"를 보시오. 존 리즈가 ≪인터내셔널 소셜리즘≫ 66호(1995년 봄)에 쓴 서평에는 이 책의 관점이 지닌 몇 가지 문제들을 비판해 놓고 있다.

메그나드 데사이의 견해를 알고 싶으면, ≪소셜리스트 리뷰Socialist Review≫(London, 1995년 6월)에서 나와 한 논쟁을 다룬 부분을 보시오.

찾아보기

ㄱ

가격 신호 65
〈가디언〉(Guardian) 178, 179
강단 경제학자 22
강제노동수용소 138, 180
개혁주의 170 : ─자 176, 181~183, 유로
　케인스주의적 ─ 177, 인간 자본 ─
　177, 케인스주의적 ─ 176
갤브레이스, 존(Galbraith, John) 104,
　157, 158
경기 부양책 178
경기 침체(stagnation) 84, 148
경기순환 59, 62, 68, 75, 159
경기후퇴 23, 59, 62, 102, 110, 112, 117,
　119, 122, 123, 144~146, 148, 150,
　152, 155, 158, 172
경제 위기 26, 55, 64, 90, 98, 110, 128,
　136
경제체제 10, 24, 26
≪경제학의 종말≫(Death of Economics)
　23

경제협력개발기구(OECD) 10, 62
계급투쟁 101, 142
고다드, 존(Goddard, John) 175
고르바초프, 미하일(Gorbachev, Mikhail)
　147, 148
고정환율 150
공산당 23
≪공산당 선언≫(Communist Manifesto)
　52, 184, 191
공산주의 159
공산주의인터내셔널 185
공업화 137, 140
공황 62, 68, 104 : 대─ 67, 83, 122,
　127~129
과잉생산 26, 61, 66, 105, 155, 175, 176,
　189, 190
관료계급 136
괴링, 헤르만(Goering, Hermann) 130,
　131
교환가치 32, 37
구빈원 160
구조조정 70, 110, 117, 151

국가자본주의 135, 148, 151, 152 : ―적 독점 138, 군사적 ― 135, 136, 148, 152

국민경제 76, 141, 166, 176

국민국가 167, 176, 177

국민당(중국) 140

국민보건서비스(NHS) 63

국유화 121, 130

국제통화기금(IMF) 70, 145, 146, 151, 179

국지전 190

군비 생산 139, 149, 151

군비경쟁 164

군비지출 149, 178

군비확장 운동 130

군사 통치 147

군사독재 정권 140, 173

그로스먼, 헨리크(Grossman, Henryk) 132

금융자본 171 : ―가 77

긴축 경제(economic rigour) 166

길먼(Gillman) 111

깅그리치, 뉴트(Gingrich, Newt) 160

네프맨 136

노동가치론 35

노동계급 12, 41, 47, 104, 136, 160

노동당 23, 140, 167 : 뉴질랜드 ― 166, 영국 ― 13, 15, 51, 77, 118, 127, 141, 144~146, 166, 168~170, 179

노동력 32, 39, 40, 42, 43, 45, 46, 48, 53, 71, 73, 85, 93, 105, 106, 110, 111, 127, 131, 132, 150, 161, 170 : 총― 96, 110

노동시간 12, 34, 47, 54, 89~91, 95~97

노동자 : ― 국가 189, ― 대중투쟁 147, ― 민주주의 136, ― 운동 26, ― 투쟁 78, 184

노동조합 22, 68, 99~102, 138, 171

노먼, 피터(Norman, Peter) 62

노예 30, 31, 39, 40, 42, 43, 47, 50, 108 : ― 소유주 31, 39, 47

노예제 137

누어족(Nuer) 30

뉴딜 정책 129

ㄷ

다국적기업 123, 150

대처 69, 102, 121, 160 : ―주의자 69, 119

데사이, 메그나드(Desai, Meghnad) 167, 168

독재 정권 134, 140, 141

ㄴ

나치 77, 129, 131

나치즘 142, 180

내전 14, 136, 164, 177

냉전 133 : 제2차 ― 151

독재자 130, 140, 181
디플레이션 166

ㄹ

라드너, 로이(Radner, Roy) 66
라몬트, 노먼(Lamont, Norman) 62
라살레, 페르디난트(Lassalle, Ferdinand)
　98
라이히만 형제 110
랑게, 오스카르(Lange, Oscar) 139
레닌, 블라디미르(Lenin, Vladimir) 186,
　187
레이건, 로널드(Reagan, Ronald) 102, 160
로머(Romer) 68
로손, 나이젤(Lawson, Nigel) 62, 117, 159
〈로스앤젤레스 타임즈〉(Los Angeles
　Times) 11
〈로이드 뱅크 리뷰〉(Lloyds Bank Rev-
　iew) 112
로크, 존(Locke, John) 35
루스벨트, 프랭클린(Roosevelt, Franklin)
　129
루이스 해리스(Louis Harris) 90
루이스, 데이비드(Lewis, David) 99
룩셈부르크, 로자(Luxemburg, Rosa) 190
리카도, 데이비드(Ricardo, David) 22, 26,
　35, 84
리플레이션 146

ㅁ

마르크스, 칼(Marx, Karl) 24, 26~28, 31,
　33~37, 39, 40, 42, 43, 45, 47, 50~53,
　62, 83, 85, 88, 89, 91, 93, 96, 98,
　106~109, 111, 118, 119, 141, 150,
　152, 163~165, 167, 175, 185, 186,
　187, 190, 191
마르크스주의 51, 74, 88, 117, 127, 142,
　148 : ―자 22, 103, 132, 포스트 ―
　74
〈마르크시즘 투데이〉(Marxism Today)
　74
매튜, 로빈(Matthews, Robin) 179
맥밀란(Macmillan) 160
맨큐, 그레고리(Mankiw, Gregory) 68
머레이, 찰스(Murray, Charles) 12
메이저, 존(Major, John) 62
몬타그네족(Montagnais) 29
무솔리니, 베니토(Mussolini, Benito) 139
무슬림 119, 164, 180 : 수니파 ― 181, 알
　라위파 ― 181
민영화 148, 166
민족해방투쟁(베트남) 184

ㅂ

바란, 폴(Baran, Paul) 103
반(反)노동조합법 104

반(反)자본주의 투쟁 184

≪반뒤링론≫(Anti-Duhrig) 165

발라, 레옹(Walras, Leon) 66

밴스(Vance) 132, 148

베른슈타인, 에두아르트(Bernstein, Eduard) 168, 170

베를린 장벽 148

베일리 N M(Baily, N M) 86

보수당 : 영국 — 12, 62, 69, 70, 74, 117, 159, 160, 179, 캐나다 — 166

복지국가 166, 177

복지제도 42, 166

봉건제 38, 187

봉기 184

'부랑'금지법 49

부르주아 계급 42

부시, 조지(Bush, George) 121

부하린, 니콜라이(Bukharin, Nicolai) 22

불황 21, 24, 59, 61~63, 66, 67, 70~72, 74~76, 78, 79, 83~85, 88, 101~105, 107, 109, 110, 113, 117, 123, 124, 129, 130, 132, 133, 143, 147, 148, 158, 159, 190 : —기 76, 77, 110, 111, 131, 133

브라운, 고든(Brown, Gordon) 166, 167, 169, 174, 175, 179

브리턴, 사무엘(Brittan, Samuel) 86, 159

블런켓, 데이비드(Blunkett, David) 147

블레어, 토니(Blair, Tony) 51, 53, 169, 179

비교우위론 22

빈곤화(Immiseration) 100 : 상대적 98, 절대적 98

ㅅ

사용가치 31, 32

사회당 167 : 스페인 — 166, 프랑스 — 146, 166

사회민주당 23, 118, 140 : 독일 — 127, 스페인 — 146, 166

사회민주주의 146, 166

사회적 노동 27, 35, 47

사회적 합의 100

사회주의 65, 98, 135, 139, 145, 146, 148, 152, 169, 186, 189, 190 : — 국가 135, — 혁명 186, —자 88, 152, 167, 169

≪사회주의의 미래≫(The Future of Socialism) 143

산 노동 27, 37

산업자본 171 : —가 77

산업자본주의 59, 89, 107

산업합리화 111

산업혁명 137, 138

상쇄 요인 108

상품의 물신화 51

새뮤얼슨, 존(Samuelson, John) 68

생산수단 37, 41, 42, 47, 49, 52, 110, 169, 174

생산양식 106, 187, 190

세계공산주의연합국(Communist United States of the World) 185

세계대전 120, 121, 128, 148, 175, 180 : 제1차— 128, 185, 제2차— 129, 133, 135

세계보건기구(WHO) 10

세계은행(World Bank) 151

세계화 167, 172, 182, 183

세(Say, J B)의 법칙 65, 68

소외 26, 27, 185

소외된 노동 26, 27, 181

쇼어, 줄리엣(Schor, Juliet) 11

쇼트, 클레어(Short, Clare) 147

수요 공급의 법칙 19

수용소 71, 180

수정주의 127, 144, 168

수정주의자 168

수확체감의 법칙(law of diminishing returns) 84

슘페터, 조지프(Schumpeter, Joseph) 70

스미스, 애덤(Smith, Adam) 26, 35, 36, 38, 41, 43

스웨덴 사회조사연구소(Swedish Institute for Social Research) 99

스위지, 폴(Sweezy, Paul) 103

스탈린, 이오시프(Stalin, Iosif) 135~138, 140, 148, 185

스탈린주의 139, 147, 148, 180 : — 경제 70, 147, — 관료 138, — 정당 141

스티드먼, 이안(Steedman, Ian) 88

시장 13, 23, 53, 55, 59, 61, 64, 65, 68~72, 78, 87, 92, 102, 104, 105, 112, 121, 131, 139, 147, 148, 149, 151, 155, 163, 166, 167, 169, 181, 182, 186 : — 메커니즘 188, — 모델 22, — 생산 187, — 옹호자 165, — 이론가 65, — 자본주의 23, 138, 148, 181, — 체제 75, —경제 51, 66, 152, — 기구 131, 금융— 177, 노동— 178, 사회적 — 170, 상품 — 61, 67, 101, 102, 104, 130, 163, 세계— 140, 152, 168, 자본— 143, 176, 177, 자유 — 60, 66, 121, 151, 166, 주식— 77, 163

식민지 125, 126, 140 : — 건설 48, — 국가 141, — 정복 29, — 제국 125, — 화 126

신고전 경제학파 64

신고전주의 : — 경제학 101, 106, — 한계효용학파 69, —자 103

신고전학파 19, 70, 84

신우파 12, 160 : — 혁명 179

실질임금 11, 138, 142

ㅇ

아이젠하워(Eisenhower) 160

야만주의 180, 185, 190

야성적 혈기 103
엥겔스, 프리드리히(Engels, Friedrich)
    28, 44, 52, 165, 167, 184, 186, 187,
    191
연대노조 147, 184
오머로드, 폴(Ormerod, Paul) 23, 104
오스왈드, 앤드류(Oswald, Andrew) 84
오스트리아학파 69, 117
오크스(Oakes) 132
오키시오(Okishio) 88
온실효과 165
〈옵서버〉(Observer) 98
완전 균형 모델 67
완전고용 15, 75, 101, 142, 143, 149, 169,
    170
≪우리의 상태≫(The State We're In) 180
원시적 축적 50, 137, 138
월스트리트 증권파동 109
윌슨, 해럴드(Harold Wilson) 77
유럽 노동조합연구소 95
유럽연합(EU) 15, 161, 177, 178
유럽통화체제(European Monetary
    Union) 177
유엔 인간개발보고서 14, 15
유토피아 162 : 반동적인 ― 185
유효 수요 20, 162
의회민주주의 142, 147
이로쿼이족(Iroquois) 29
이윤 21, 35, 36, 38~41, 47, 50, 54, 59,
    60, 71, 73, 76~78, 87~89, 97,

100, 103~106, 109, 111, 112, 118,
    125~128, 130, 133, 143, 151, 162,
    163, 171 : ―폭 112
이윤율 84, 85, 87~89, 96~98, 100, 101,
    105, 108, 110, 112, 117, 127, 128,
    132, 175 : ― 저하 경향 89, 108,
    150, 실질― 39, 평균― 84, 161, 163
이자 38, 47 : ―율 60, 78, 122, 123
≪이코노믹 리뷰≫(Economic Review)
    86
〈이코노믹 아웃룩〉(Economic Outlook)
    62
인간 본성 29
인두세 49
〈인디펜던트 온 선데이〉(Independent
    on Sunday) 166
인종주의자 180
인종차별 반대 투쟁 184
인클로저 법령 49, 137
인플레이션 60, 104, 143~145, 172
일국사회주의 185
임금 인상 72, 100, 102 : ― 투쟁 73
임금노동 53 : ―자 47~49
임금노예 42, 51
임금철칙설 98
잉여가치 47, 87, 93, 96, 97, 108 : 상대
    적 ― 89, 91, 93, 100, 절대적 ― 89,
    100, 총― 97
잉여노동시간 47, 89
잉여노동자 72

ㅈ

자본가계급 36, 42, 50, 79, 96, 187
≪자본론≫(Capital) 26, 27, 33, 47, 52, 53, 89, 96, 107
자본시장 143, 176, 177
자본의 유기적 구성 85
자본의 한계효율 103
≪자본주의라는 유령≫(The Spectre of Capitalism) 98
자본축적 132, 164 : 생산적 — 162
자유경쟁 22
자유무역 22, 121
자유주의 140
≪장부 연구 논문≫(Bookings Papers) 86
전시경제 131~133, 139
전쟁 14, 128~134, 164, 181 : 경제 — 163, 러일— 128, 미국과 스페인간의 — 128, 사막의 —130, 세계 — 126, 핵 — 180
절제이론 39
점진주의 129
제3세계 13, 69, 70, 134, 147, 151, 152, 160
제국주의 124, 127~129
제번스, 윌리엄(Jevons, William) 75
조지, 에디(George, Eddie) 179
죽은 노동 27, 37, 85
중간계급 41, 71, 74, 141, 159
지대 38, 47, 50

지리노프스키, 블라디미르(Zhrinovsky, Vladimir) 180
지배계급 30, 109, 136, 144, 181, 187
집산화 137
집적 118
집중 118~120

ㅊ

차티스트 운동 26
착취 31, 47, 48, 51, 53~55, 73, 101, 104, 108, 112, 189
착취계급 30
착취율 89, 101, 108
초과수요 66
치아파스 반란 184

ㅋ

카네기, 앤드류(Carnegie, Andrew) 74
카르텔 120
칸, 로이(Calne, Roy) 75
캉드쉬, 미셸(Camdessus, Michael) 179
캘러헌, 제임스(Callaghan, James) 145
케이저, 마이클(Kaser, Michael) 139
케인스(Keynes, John Maynard) 67, 103, 105, 140, 146, 167, 175, 178
케인스주의 68, 69, 102~104, 144~148,

151, 167, 176, 178, 179 : ―자 103~105, 146, 148, 178, 유로― 177, 178

케임브리지학파 22

콜, 헬무트(Kohl, Helmut) 12

쿠르드족 181

쿡, 로빈(Cook, Robin) 147

크로스랜드, 앤서니(Crosland, Anthony) 141, 143~146, 168~170, 183

클라크(Clarke) 159

클라크, 콜린(Clark, Colin) 86

키건, 윌리엄(Keegan, William) 98, 104, 170, 172

키드런, 마이크 (Kidron, Mike) 132, 148

ㅌ

태커리, 발(Thackerey, Bal) 180

테일러(Taylor, F W) 91, 94

테일러주의 92

토니(Tawney, R H) 183

통일세 172

통화주의 68, 101

통화주의자 105, 145, 159

트러스트 120

트로츠키, 레온(Trotsky, Leon) 136, 185~187

〈트리뷴〉(Tribune) 167

티센(Thyssen) 130

ㅍ

파생금융상품 163

파시스트 77, 102, 180, 181

〈파이낸셜 타임즈〉(Financial Times) 11, 13, 44, 62, 75, 86, 94, 95, 119, 159, 173, 178

평균이윤율 84, 161, 163

평생직장 12, 159, 170

포드, 헨리(Ford, Henry) 92, 94

포틸로, 마이클(Portillo, Michael) 12

풍요사회론 157

프리드먼, 밀턴(Friedman, Miton) 179

ㅎ

하이에크, 프리드리히(Hayek, Friedrich) 69, 70, 117, 169, 179

한계수익 산출량(marginal output) 21

한계효용이론 66, 67, 75

한계효용학파 19, 20, 22, 64, 67, 69, 75

해외무역 108

해외투자 126, 127

핵무기 180 : ― 경쟁 135

허니컷(Hunnicut, B K) 90

허턴, 윌(Hutton, Will) 77, 104, 155~157, 166, 168, 170~172, 175, 176, 178~180

헤겔, 게오르크(Hegel, Georg) 26

혁명 168, 170, 185, 187, 190 : ―가 22,
    136, 190, 1917년 ― 135, 136, 노동
    자 ― 185, 사회주의 ― 186, 신우파
    ― 179
호프만, 라이너(Hoffman, Reiner) 95
호황 10, 21, 24, 59~62, 66, 72, 74, 76, 83,
    103, 107, 113, 117, 119, 127, 130,
    134, 147, 148, 159, 178, 190 : ―기
    71, 76, 111, 135, 142, 대― 144, 150,
    장기 ― 124, 178
홉스봄, 에릭(Hobsbawm, Eric) 112, 119,
    126
휴스턴, 윌리엄(Huston, William) 75
히틀러, 아돌프(Hitler, Adolf) 141, 180
힐퍼딩, 루돌프(Hilferding, Rudolf) 22